ルポ

コロナ禍で 追いつめられる女性たち

深まる孤立と貧困

飯島裕子

光文社新書

ルポ　コロナ禍で追い込まれる女性たち　目次

図版作成　デザインプレイス・デマンド

はじめに

コロナ禍において、女性に異変が起きている――。２０２０年秋、女性の自殺率が前年比2倍近くに急増したころから、コロナ禍で女性に困難が集中していると報じられるようになってきた。しかし〝異変〟は２０２０年春先のコロナ禍が始まった直後から起きていた。

まきさん（47歳）は死ぬつもりでいた。それも〝身元不明遺体〟となって誰からも知られることなく――。だからスマホもマイナンバーカードも本人とわかるものはすべて処分した。でも両親と兄が写っている昔の家族写真だけは捨てられなかった。両親は他界し、障害のある兄とは音信不通の状態だ。

「私は写っていない写真だったから身元がわかることはないと思ったんです。死のうとしているのに矛盾してますよね。やっぱり未練があったのかなあ」

２０２０年３月はじめ、まきさんはコロナによって仕事と家を失った。

「コロナ以前から限界を感じていました。でも何もしなかった自分が悪いんです。だからコロナが増えはじめ、完全に仕事がなくなった時には、ついに来たんだ、自業自得《じごうじとく》だと思いましたね」

ずっと風俗の世界で生きてきた。高校卒業後、ワイシャツのメーカーに就職し、百貨店の売り場へ派遣され働いていたこともある。しかし19歳で母親が亡くなると寂しさをまぎらわすようにホストクラブに通うようになり、みずからも風俗の世界へ。大阪のミナミで月１００万円ほど稼いだこともあったが、夜遊びも相当していたので、お金は瞬く間に消えていったという。30歳半ばから稼げなくなり、友だちのツテを頼って地方都市へ、〝出稼ぎ〟に行くようになった。ここ5年ほどは東海地方の風俗店で働いていたが、稼ぎは減る一方だったという。

まきさんは風俗店の寮に暮らしながら、大阪に借りている部屋の家賃を払い続けていた。二重生活の負担は重く、ヤミ金から借りた10万円の利息は膨れ上がり、返せるメドがたたなくなっていた。

「死のうと思って寮を出た時に思ったのは、知り合いがいる西じゃなく、東に行こうということでした。東海道線に乗って行けるところまで行き、所持金がなくなってからは、死に場所を探してあてどもなく歩き続けました」

昼はショッピングモールのベンチで過ごし、夜は少しでも明かりがあるところを探してさまよった。

「箱根で大雪に降られ大変な思いをしました。その時は公衆トイレで夜を明かしましたが、凍死するならそれもありかもと考えていましたね。でもやっぱりどこかに未練があるのか死ねないんです」

1カ月ほどの放浪生活の中で一番つらかったのは、寒さやひもじさではなかったとまきさんは言う。

「駅のベンチに座りながら、いつも道行く人を見ていたんですけど、『ああ、皆、帰るところがあるんだなあ』って思って。自分には帰る家がないんだと思うことが一番しんどかった」

3月下旬、茅ケ崎《ちがさき》駅近くにいたまきさんは、巡回中の警官から声をかけられ、役所に相談に行くよう勧められたという。

「どこかで生きたいという思いがあったんですかね。翌朝、茅ヶ崎市役所へ行きました。生活保護の話にもなったんですけど、申請するなら住民票がある大阪からじゃないとダメだと言われたんです」

そして役所の職員は所持金がほとんどないまきさんに、大阪へ戻るための〝交通費〟として、１５０円を手渡し、この１５０円で隣の小田原市役所まで行き、そこでまた隣の自治体に行く〝交通費〟をもらうという形で大阪まで行ってくれと言ったのだった。

１カ月近く野宿をし街をさまよったまきさんが持ち歩いていたキャリーケースの車輪はすでにボロボロ、靴底はすり減っていた。コロナウイルスが蔓延《まんえん》し、緊急事態宣言が出されようとしている3月下旬。なぜこんな非情な対応ができるのか、怒りがこみ上げてくる。そもそも生活保護はその人が現在いる場所で申請することができる。「住民票がある場所で」というのは、生活保護費を申請させまいとする典型的な水際作戦である。でもまきさんはその対応を当然のことと思ったのだという。

「やっぱそうかって感じでした。私みたいなやり直しがきかない人間が受けられると思っていなかったので。生活保護ってもっと若くて、可能性がある人のものでしょう」

絶望しながら再び死に場所を求めて歩き続けたまきさんは、藤沢駅でホームレス支援団体のスタッフに声をかけられ、「必要なことがあったら連絡して」と名刺を渡された。しばらくの間、あきらめの気持ちと連絡してみようという気持ちの間で揺れ動いていたまきさんは通りすがりの人からマスクを手渡されたという。２０２０年3月29日のことだった。30日には東京都の小池百合子知事が夜間の外出自粛《じしゅく》を要請。志村けんさんの訃報《ふほう》が伝えられたのもこの時期だ。日本中がコロナで埋め尽くされていたが、１カ月近く野宿をしていたまきさんはニュースを知る術がなかった。

「気がつけば皆マスクをしていて、商業施設にも居づらかったので助かりました。マスクの袋を開けてみるとその中に小さく折りたたまれた現金が３０００円ほど入っていたんです。そのお金で支援団体に電話をかけ、事務所がある横浜に向かいました」

その団体の力を借りて生活保護を受給。現在、就職活動をしているが、希望する飲食関係の仕事はほとんどなく、苦戦している。今、一番の困りごとは住民票がないことだ。ヤミ金から借金があるまきさんが住民票を移せば、相手方にもその情報が知られてしまう。支援団体の人は違法な利息を取り立てているのだから弁護士を立てて整理するようアドバイスするが、律儀《りちぎ》な性格のまきさんは「（そのお金で）助かったこともあったから返すのが筋」とクビを縦に振らない。しかし住民票がなければマイナンバーカードなどの身分証が作れないため、携帯も借りられない。就職も難しくなってしまう。掃除の日雇いなど臨時の仕事があると時々働いているが、先の見えない状態は変わっていない。

「スマホも処分したので知り合いの連絡先もわからないし、向こうから連絡が来ることもありません。でも今は誰とも連絡を取りたいとは思わない。こんな自分を知られたくないですから」

今も自殺念慮という絶望の淵から回復したわけではないのだろう。

「私がこうなったのはコロナのせいじゃなくて自分のせい」と繰り返すまきさん。その苦境はコロナ以前から始まっていたが、コロナはギリギリの状態で何とか生き延びてきた彼女を路上へ押し出す最後の一手になったのだった。

非正規女性に集中したコロナショック

「女性からの相談が多く戸惑っている」。コロナ禍で生活に困窮した人たちからの相談を行っているＮＰＯや労働組合関係者からこうした声が聞かれるようになったのは、２０２０年3月にまでさかのぼる。２００８年のリーマンショック時にも窓口を開き、仕事を失い、生活に困窮した人々の相談に乗っていた「府中緊急派遣村」は、コロナ禍でも20年4月に府中市、5月に国立市、12月に立川市と狛江《こまえ》市で「困りごと相談会」を実施して相談に応じてきた。「困りごと相談会」では弁護士による相談のほか、労働相談や食糧配布などが行われたが、すでに20年４月の段階で女性からの相談が多数を占めたという。

共同代表の松野哲二さんは「リーマンショック時は製造業で働いていて派遣切りや雇い止めに遭ったという男性が大半でしたが、今回は飲食店などで、非正規で働く女性からの相談が非常に多いです。またステイホームの影響で家にいる時間が長く、家族との折り合いが悪くなったり、ＤＶ被害を受けるなど家族間トラブルを抱える女性からの相談も増えています」と話す。

労働力調査などの統計をたどると女性就業者、とりわけ女性非正規雇用者の苦境が顕著になってくる。雇用者数は男女ともに、最初の緊急事態宣言下の２０２０年４月に大幅に減少。男性35万人減なのに対し、女性は74万人と２倍以上の減少幅となっている。正規、非正規の別で見ると４月は男女とも正規雇用労働者数は前年同月比で増加している一方、男性非正規は26万人減、女性非正規は71万人減となっている（**図１**）。つまりコロナ禍における雇用ダメージは非正規雇用者、とりわけ女性非正規に集中しているということができるだろう。

また産業別の増減を20年４～11月で見ると、「飲食業」男性87万人減、女性１５４万人減と大幅に減っており、「製造業」男性74万人減、女性98万人減、「生活、娯楽業」男性５万人

図1　雇用者数の推移

雇用形態別雇用者数の前年同月差（男性）

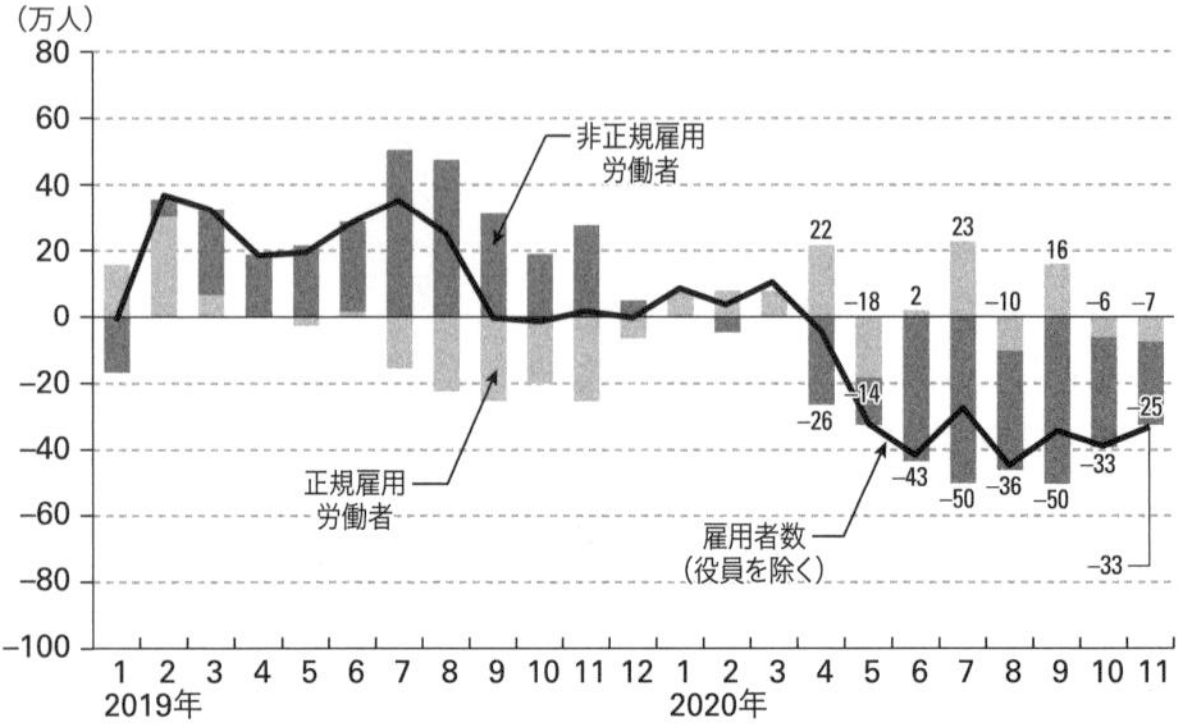

※総務省「労働力調査」より作成。原数値。

雇用形態別雇用者数の前年同月差（女性）

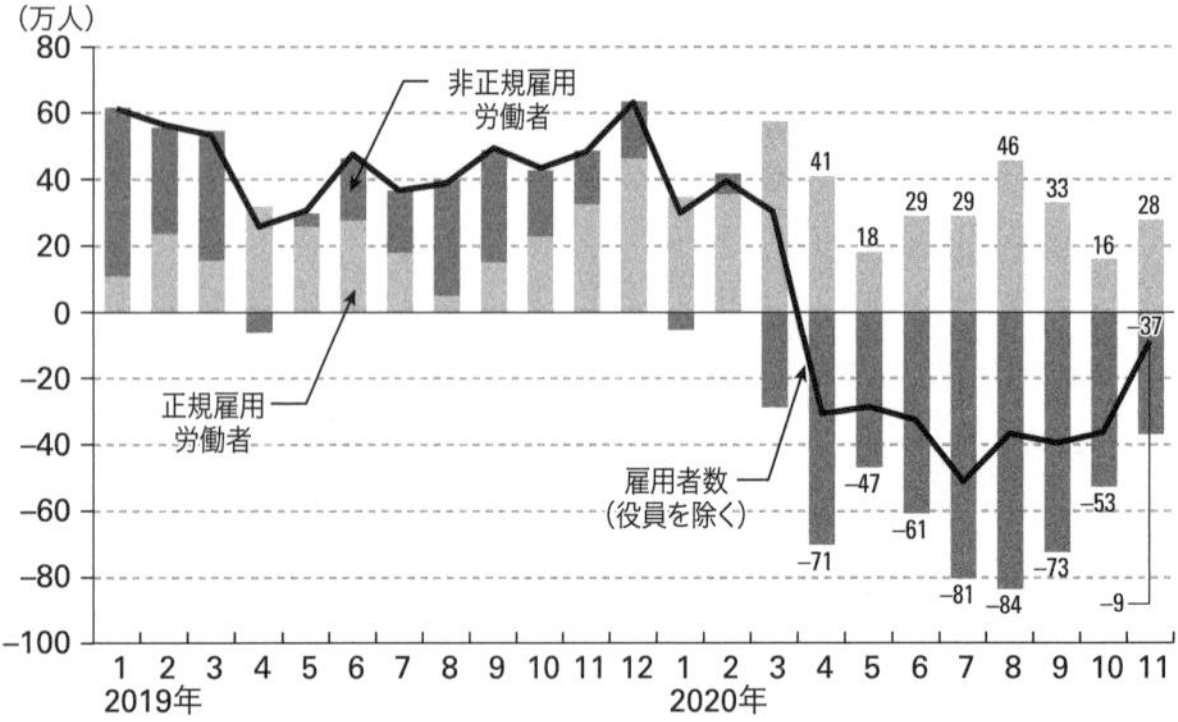

※総務省「労働力調査」より作成。原数値。

出所：コロナ下の女性への影響について【追加・アップデート】令和3年1月25日　内閣府男女共同参画局

図２　産業別就業者数の推移

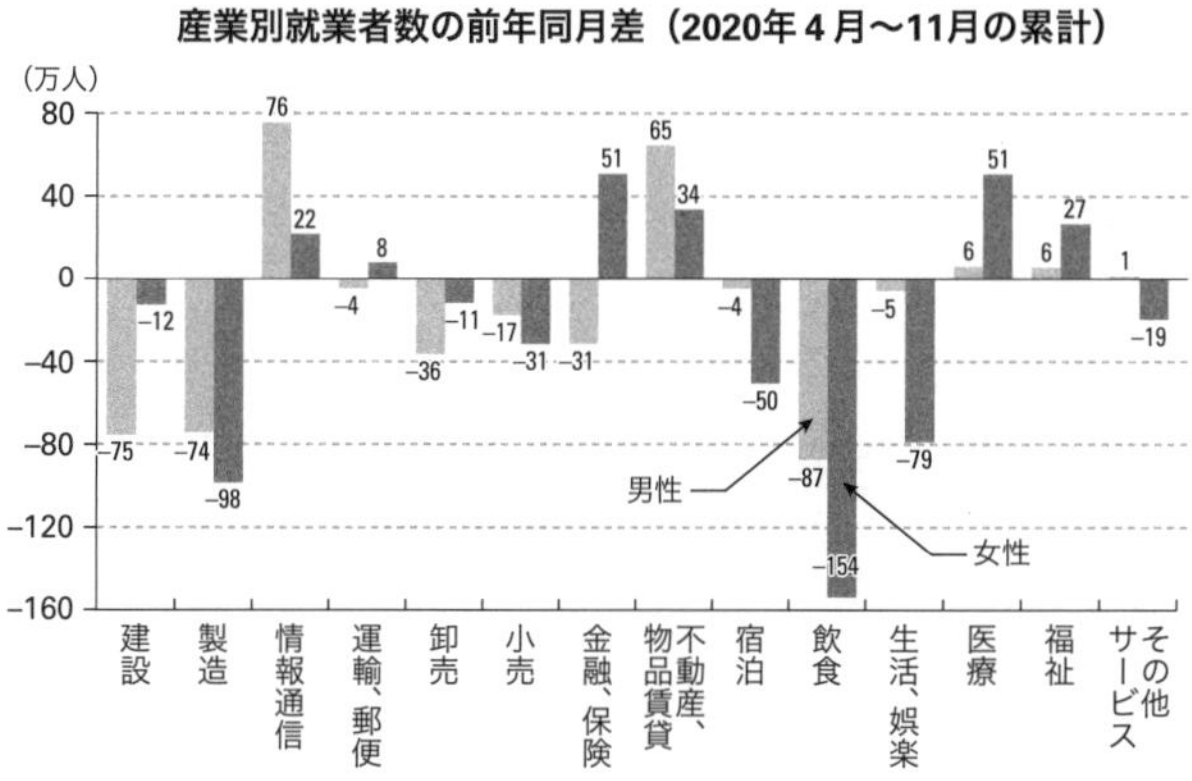

※総務省「労働力調査」より作成。原数値。

出所：コロナ下の女性への影響について【追加・アップデート】令和3年1月25日　内閣府男女共同参画局

減、女性79万人減、「小売」男性17万人減、女性31万人減と続く（図２）。いずれも男性に比べ、女性の減少幅が著《いちじる》しいことがわかる。

従業員中で女性非正規の占める割合が高い産業を順に並べると「宿泊、飲食業」（女性非正規比率54％）、「生活、娯楽業」（同40％）、「卸《おろし》売《うり》、小売業」（同35％）となり、４月以降、コロナによる外出自粛の影響により、就業者が大幅に減少している産業と符合する。「派遣・製造業・男性」に集中したリーマンショックに対し、コロナショックは「非正規・サービス業・女性」に集中しているということができるだろう。

図3　産業別雇用者数の増減（男女別、平成14年→24年）

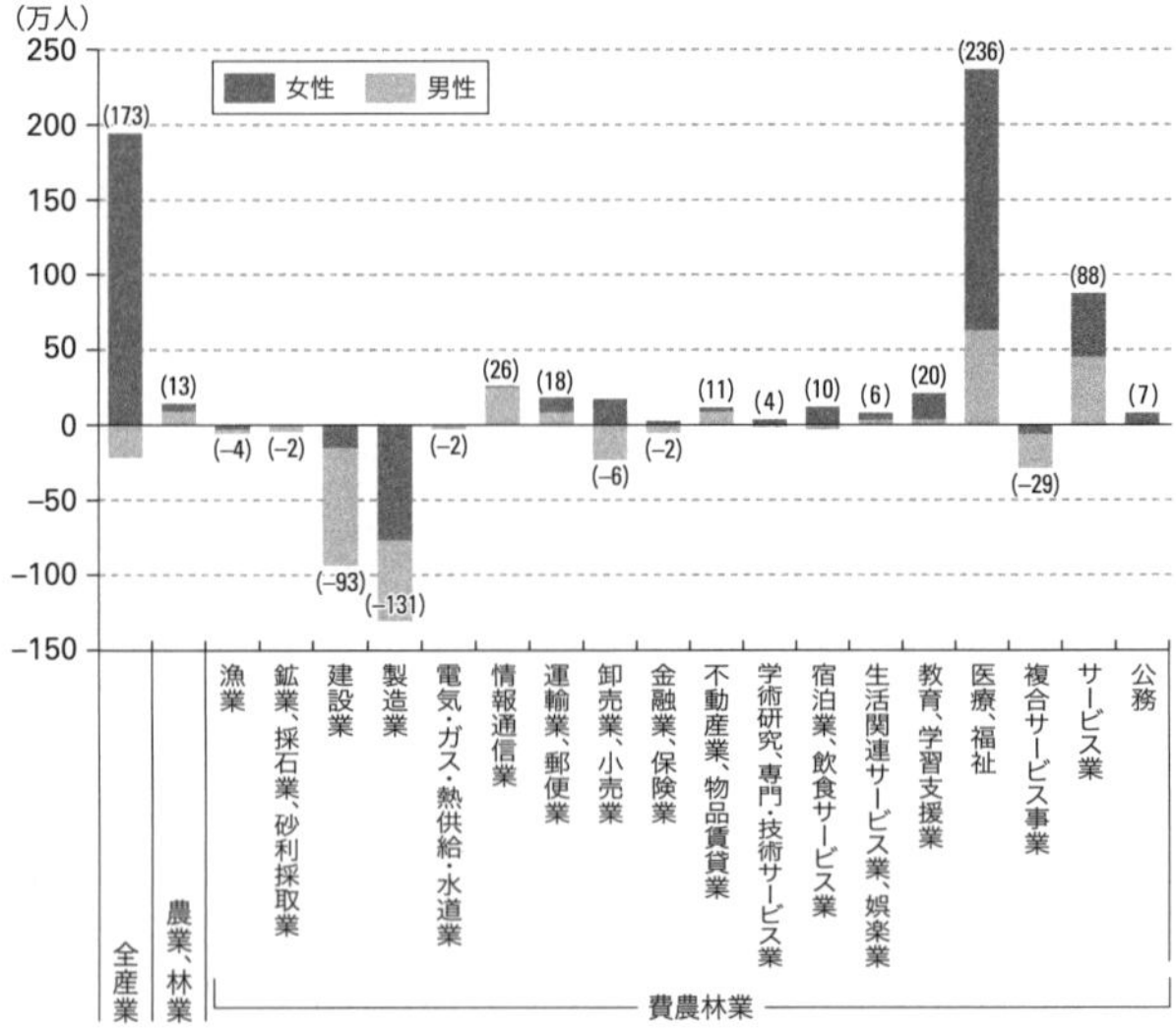

（備考）1.（　）内は平成14年から24年の間で当該産業の雇用者数の増減（男女計）。
　　　　2. サービス業と公務は、それぞれ他に分類されるものを除いている。

※総務省「労働力調査（基本集計）」より作成。

出所：男女共同参画白書 平成25年版

　ここ10年ほどの間に女性活躍推進が進み、女性就業者数は過去最高に達しているといわれてきた。しかし実際に増加したのは女性の非正規雇用である。中でも女性就業者数を押し上げてきたのが対人サービス業（**図3**）であり、とりわけ介護を含む「医療・福祉」は女性比率が最も高く（77％）、女性非正規比率も高い産業だ。

　コロナ禍において、「医療・福祉」と一部の「卸売・小売」で働く人々は濃厚接触を必要とする現場に立たされることになった。彼らはエッセンシャルワーカーとして、にわかに注目を浴びたが多くは低賃金の非正規労働者であり、必要なのはリップサービスではなく、待遇改善と安心して働ける職場環境であったに違いない。

非正規就業者を増やすことにより女性活躍推進を取り繕《つくろ》ってきた対人サービス業。その二大業種である「サービス業」はコロナ禍で大打撃を受け、「医療・福祉」は最前線での困難を余儀なくされている。女性活躍推進の後ろで見えなくされてきたさまざまな矛盾がコロナ禍で露呈したといえるのではないだろうか。

休業の嵐と使えない補償

政府はこれまで、コロナによる外出自粛等の影響を受けた店舗や事業縮小を余儀なくされた企業に対し、さまざまな支援策を打ち出してきた。解雇を避けるため、労働者に支払う休業手当を国が最大で全額助成する「雇用調整助成金」や、学校休校で休業せざるを得ない保護者に支払われる「小学校休業等対応助成金」もその一つだ。いずれも正規、非正規という雇用形態にかかわらず、すべての労働者が対象である。

にもかかわらず実際にはこうした休業手当を受けることができないまま、解雇や雇い止めになった労働者が多かったことが徐々に明らかになってきた。野村総合研究所が21年１月に公表した調査では、コロナの影響でシフトが減ったパート・アルバイト女性のうち休業手当を受け取った人は24％にとどまり76％が受け取っておらず、その数は約90万人にのぼると推計されている。

政府による助成制度が作られ、非正規でも休業補償をしなければならないと繰り返し報じられてきたにもかかわらず、「パート・アルバイトに補償なんてない」とはなから決めつけ、シフトを減らして終わりだったり、「緊急事態宣言で店を閉めるからもう来なくていい」と雇い止めされるケースが後をたたなかった。また正社員は全額補償するがパートは６割しか補償しないなど、あからさまな差別が横行した。

実際、これは違法とは言えず、労働基準法26条に規定されている休業手当は平均賃金の６割となっている。しかしもともと賃金が低い非正規雇用では最低賃金レベルになる場合もあり、とても生活ができない。また休業手当は休業前の３カ月間の賃金を日割りするのだが、休日も含んで計算されるため、実際に受け取れる金額は賃金の４割ほどに下がってしまい、生活困窮に陥ってしまう場合もあるのだ。

20年７月、政府は中小企業の従業員で休業手当を受けられなかった個人に対し、個人で休業手当を申請できる「新型コロナウイルス感染症対応休業支援金・給付金（以下休業支援金）制度」を開始。さらに21年2月には大企業の非正規従業員にも補償を拡大した。申請が通れば休業前賃金の8割が支給されるのだが、手続きが複雑な上、労働局へ提出する書類には雇い先による確認が必要である。しかし、休業手当をきちんと支払わなかったことを労働局に知られたくないと考えたのか、「そもそも休業を命じていない」と雇い主が確認を拒《こば》む事態も起こり、受給できなかった人も少なくない。前述の野村総合研究所による調査では、コロナの影響でシフトが減ったパート・アルバイト女性のうち「休業支援金制度」について、「知っている」と答えたのは16％のみであった。非正規で働く多くの人たちにとって、休業補償はまさに〝絵に描いた餅〟の状態だったと言うことができるだろう。

「家計自立型非正規」の増加

今回政府は、休業手当を最大で全額助成し、企業の〝持ち出し〟をなくす仕組みを作ってきた。にもかかわらず、非正規には適用しない企業が後をたたないのはなぜなのか？　そればかりか非正規は真っ先にシフトを減らされ、解雇・雇い止めにされる――その背景には、企業が非正規を雇用の調整弁としか考えていないことがうかがえる。

実際、80～90年代の日本経済は、〝主婦パート〟と呼ばれる、夫の扶養範囲内で家計補助的に働く女性たちによって支えられてきた。低賃金で昇給や社会保障支出が不要な主婦パートは、企業にとって都合のいい存在であった。しかし、90年代後半以降、状況は一変する。非正規雇用者が働く人の半数を占めるようになり、就職氷河期で正社員就職できなかった若者など、非正規雇用の賃金だけで生活する人や、主たる稼ぎ手として非正規で働く人が出てきたのだ。

無料で労働相談や生活相談にあたっているＮＰＯ法人ＰＯＳＳＥには、20年２月末ごろからコロナウイルスに関する相談が増え始めた。女性からのものが多く、11月末までに寄せられた３３０４件の労働相談のうち６割が女性からであり、その中の７割が非正規雇用者であった。

「相談電話を受けてきて感じるのは、〝家計自立型非正規〟が増えているのに、未だに女性や若者は〝家計補助〟として企業にとって都合よく扱われているという現実です。『主婦だから夫がいるでしょう』『学生なら親に何とかしてもらって』と言われ、シフトを削られ、クビを切られる。それ自体大変な差別であるし、家族に頼れる人は多くないと感じます」とＰＯＳＳＥ事務局長の渡辺寛人さんは話す。

シングルマザーや親を介護中の人など、家族のケアを担っており、フルタイムの仕事ができず、短時間パートで働いている人がいる。年金だけでは生活が成り立たずパートで補っている高齢者や病気や障害がありフルタイムで働けない人、一カ所の収入だけでは足らず、複数の仕事を掛け持ちする人など、非正規で働く人の中にはさまざまな事情を抱えた人が少なくない。

コロナで真っ先にダメージを受けたサービス業、飲食業は短時間シフトを組みやすいことから、パートやアルバイトなど非正規の形態で多様な働き方をする人を受け入れやすい側面がある。しかし短時間勤務だからといって家計補助的に働いているとは限らず、それがないと生活できない、欠くべからざる収入である場合が増えている。コロナ禍はすでにギリギリの状態で生活をしてきた最も脆弱《ぜいじゃく》な層を襲ったのだった。

ステイホームと増大するケア負担

雇用不安に加え、コロナ禍が女性に与えた負の影響としてもう一つ大きかったことが、外出自粛や緊急事態宣言によるステイホーム時間の増大である。

2月末、突然の一斉休校による影響を真っ先に受けたのは子育て中の母親であった。特に共働き世帯にとって、日中、子どものケアを誰が担うのか大問題となった。その後、保育園や学童保育は開くこととなり、休校にともない休業した場合の補償などの対策が取られたが、それですべて解決したわけではなかった。夫婦ともフルタイムで働いていても、結局母親が家にいることになった、在宅勤務を始めたが子どもがいて仕事にならない、感染リスクから祖父母の手を借りられなくなった等々、女性たちの置かれた現実に不満が噴出した。

　続く緊急事態宣言下では、医療関係者などエッセンシャルワーカーの子ども以外は保育園利用を自粛するよう指示されたり、逆に医療関係者の子どもは感染リスクが高いと不当な差別を受けたケースがあったなど、混乱が続いた。

　こうした状況を受け、緊急事態宣言下の４月の休業者数は男女ともに大幅に増加している。とりわけ女性の休業者比率は男性の３倍近くに達し、この間の女性の労働時間は男性に比べ、半減していることからも、仕事を休まざるを得ない女性が多かったことがうかがえる。今や共働き家庭の数は専業主婦家庭を大きく上回っており、仕事と家庭の両立は特別なことではない。しかし、学校休校に端《たん》を発した大混乱によって、母親が働くことは学校などのインフラと不可分であり、常に危うい綱渡り状態であったことが明らかになったと言える。

　とりわけワンオペ育児を余儀なくされるシングルマザーへの経済的、精神的影響は甚大であり、困難な状況は今も続いている。しんぐるまざあず・ふぉーらむはシングルマザーに対する調査を続けているが、コロナ禍で、学校休校による自主休業や勤務先の休業、解雇等により、収入が減少した人が7割。うち2人に1人は収入が半減したと回答している。また3割が自主的な休業や退職を余儀なくされ、その傾向は非正規雇用において顕著であることもわかった。

また、学校休校のインパクトが大きいため見えづらくなっているが、育児のみならず、介護のため、休職に追い込まれた人たちも少なくない。高齢者はコロナによる重症化リスクが高いことから訪問介護を断り、自宅で看ることを選ぶ人や、施設が密になることを避けるためと在宅での介護を打診されるなど、介護負担は増大し、その多くは女性たちの肩にのしかかった。

夫が在宅勤務、子どもが休校で食事を三食用意することがしんどかった等、家事負担を強いられる女性たちからの声もあがっている。コロナウイルスの影響により、さまざまな局面で女性のケア負担がこれまでにないほど高まっているということができるだろう。

目には見えない「シャドーパンデミック」

コロナ禍においてＤＶ被害も増加した。ＤＶ相談件数の推移を見ると、20年５月、６月の相談件数は前年同月比の１・６倍にのぼる（**図４**）。ステイホーム下で家族間の緊張が高まっていることに加え、以前から暴力にさらされていた女性が耐えきれず、連絡してきたケースもあるだろう。

政府は４月半ば、既存の窓口に加え、ＤＶ被害者からの相談を24時間電話対応する新しい窓口「ＤＶ相談＋（プラス）」を設置。電話のほかメールやＳＮＳによる相談や同行支援、緊急保護等に対応したものとなっている。

またコロナ禍において性被害が多く申告されており、妊娠届出数は４月以降減少している一方で、若年層の望まない妊娠は増えている。性犯罪・性暴力被害者のためのワンストップ支援センターにも昨年を上回る相談が寄せられており、４～９月は前年比１・２倍となっている。コロナ禍においてさまざまな形で女性の健康や生命が脅《おびや》かされる状態にあったことがわかる。

ＤＶ被害の増加など女性に対する困難が集中しているのは、日本に限ったことではない。

図4　DV相談件数の推移

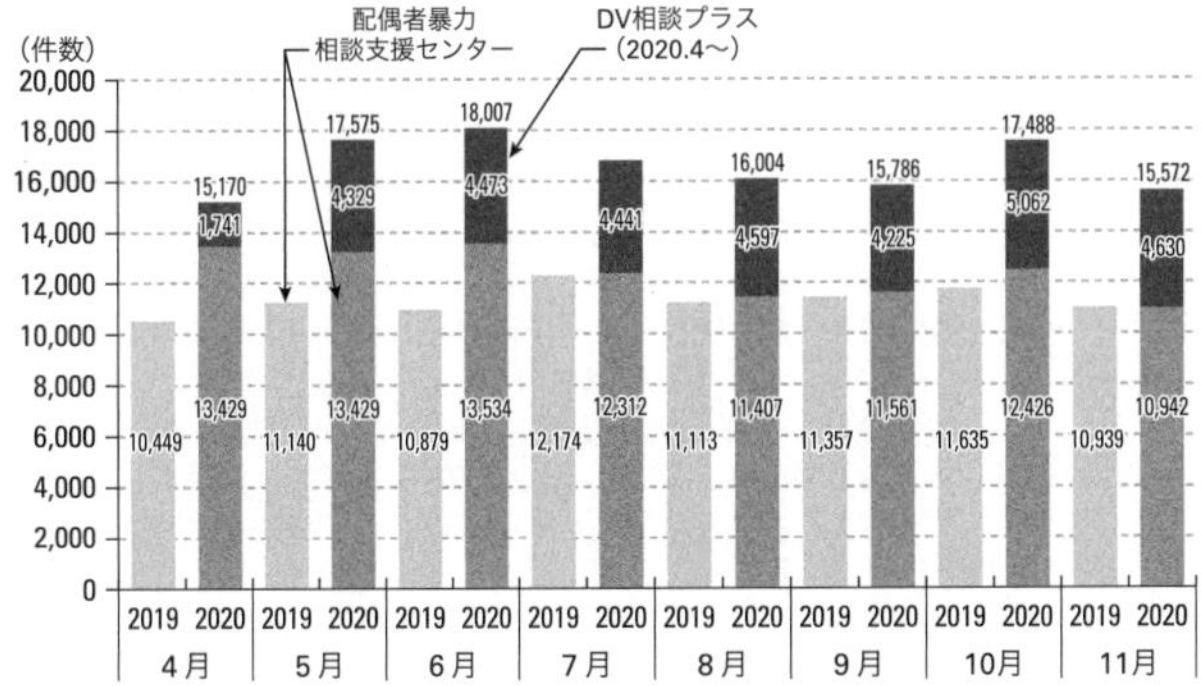

※内閣府男女共同参画局調べ。
※全国の配偶者暴力相談支援センターからの相談件数は、2020年12月28日時点の暫定値。

出所：コロナ下の女性への影響について【追加・アップデート】令和3年1月25日　内閣府男女共同参画局

ロックダウンした世界の各都市で、電話相談窓口やシェルターへ助けを求める女性が増加している。

20年4月、国連のグテーレス事務総長はコロナ禍において女性に困難が集中していると警《けい》鐘《しょう》を鳴らし、各国政府に対して、女性と女児をコロナ対応の中心に据えるよう要請。またコロナが与えるもう一つの致命的な危機として、女性に対する暴力をあげ、可視化されづらい、〝シャドーパンデミック〟が拡大しているとして、各国の政府へ早急な対応を求めた。

日本においても9月に内閣府男女共同参画局が「コロナ下の女性への影響と課題に関する研究会」を設置。11月には、DV、性暴力の相談体制の強化、ひとり親家庭の支援、テレワークの普及、成長分野へ就業者をシフトさせるための支援等が盛り込まれた「緊急提言」が発表されている。

脅かされる命

「コロナ禍で女性に異変が起きている」という認識が広く共有され始めた背景には、このところの女性自殺率の急増があるだろう。コロナ禍における自殺率の推移を見ると20年1月~6月の自殺者数は昨年と比較して減少していたが、男女とも7月から5カ月連続で増加。中でも女性の自殺率が急増しており、対前年同月比で10月には91%にまで増加した（**図5**）。

通常、男性は女性に比べ自殺者数が2~3倍程度多く、現在も男性自殺者数が女性を上回っている状況は変わっていない。しかし男性に比べ女性自殺率が急増していることは大きな衝撃をもって受け止められた。コロナ禍における雇用や家族状況の変化、社会的孤立などの理由に加え、相次ぐ芸能人の自殺なども影響を与えていることが考えられるという。女性自殺者比率が9割増加した10月の職業別統計を見ると「無職者」が増加しており、さらにその内訳は「年金・雇用保険等生活者」が最多であることも明らかになっていることから、経済的困難が影響を及ぼしていることが考えられる。

図５　自殺者数の推移

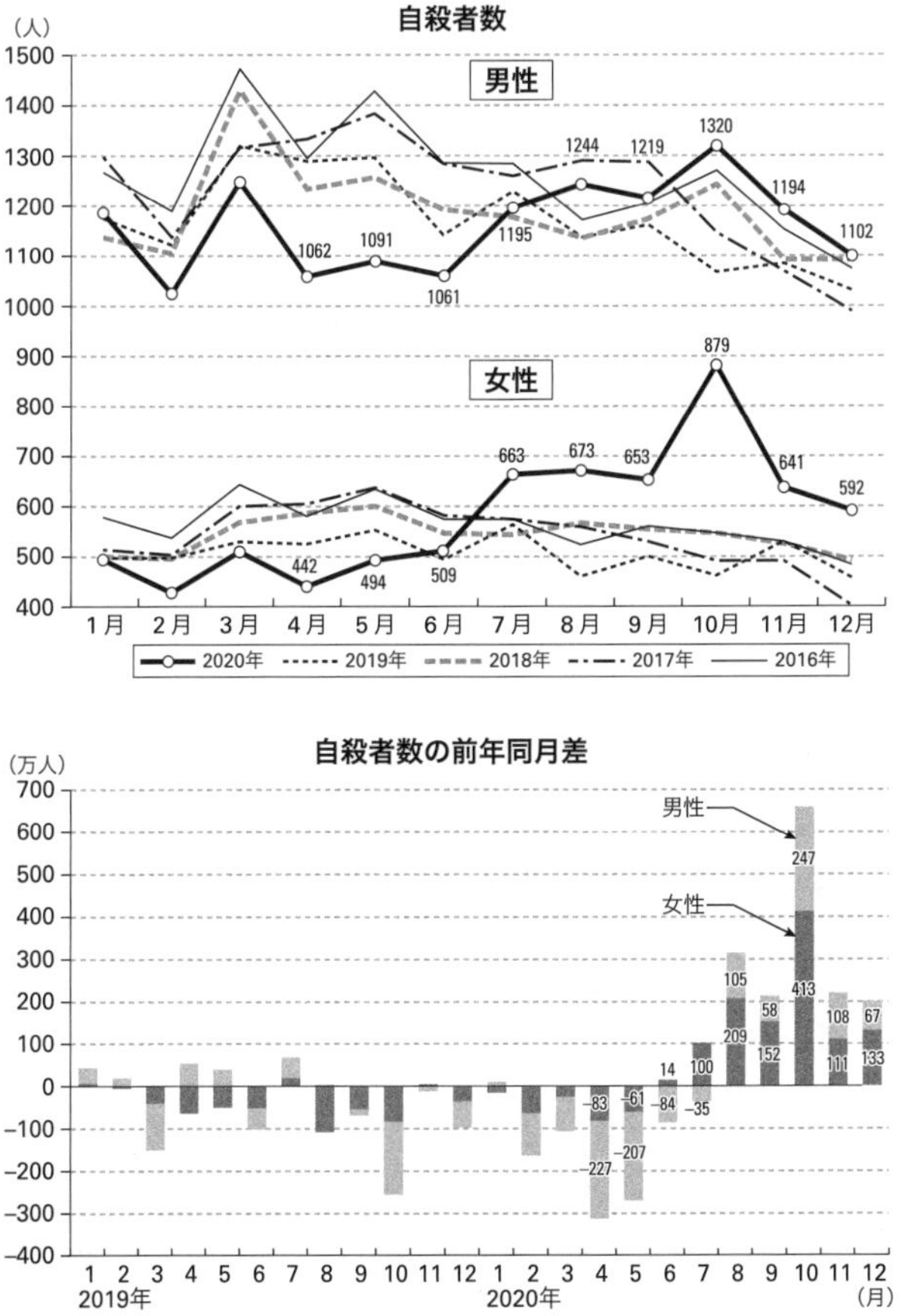

※警察庁HP「自殺者数」より作成。2019年分までは確定値。2020年分は2021年1月22日時点の速報値。

出所：コロナ下の女性への影響について【追加・アップデート】令和3年1月25日　内閣府男女共同参画局

また、11月にはコロナ禍前まで試食販売員として働いていた64歳の女性が仕事を失い、ホームレス状態に陥った末、東京・幡ヶ谷《はたがや》のバス停で男性に殺害されるという事件が起こった。そのほか、12月には大阪市で68歳の母親と42歳の娘が餓死した状態で発見される事件が起こっている。冷蔵庫は空っぽで水道やガスも止められており、財布には現金が13円しか残っていなかったという。パンデミックによる失業、貧困等さまざまな困難により、生命が脅かされる事態が全国で起こり始めている。

コロナ禍において女性非正規を襲う雇用不安やそれにともなう貧困、ケア労働の増加と家庭内に潜むシャドーパンデミックなどについて書いてきたが、実はいずれも以前から存在してきたものであり、不可視化されてきた困難がコロナ禍によってあらわになったに過ぎない。

私たちがコロナウイルスの影響を大きく受け始めてから1年半余り。その間に女性たちに何が起こっているのか？　本書では２０２０年2月下旬、全国での一斉休校が決められた時点にまでさかのぼり、女性の視点からコロナ禍を振り返る。困難が集中するシングルマザー、ステイホームすることがままならない女性、エッセンシャルワーカーとして社会を支える女性、困難が集中する単身女性などそれぞれが置かれた状況についても見ていくことにする。女性たちを襲うさまざまな困難や制度上の綻び、背景にある構造的問題まで、コロナ禍で露呈した事実を受け止めることはコロナ後の世界を築いていく上で重要であるはずだ。まずは女性たちの声に耳を傾けるところから始めたい。

第1章

シングルマザーを全方位から襲う困難

すべては一斉休校から始まった

コロナ禍において、働く女性たちに最初にして最大のインパクトを与えたのが、2020年3月の一斉休校であっただろう。2020年2月27日木曜夕方、安倍晋三首相（当時）は、新型コロナウイルス感染拡大を防ぐためとして、3月2日から小中高校、特別支援学校の全国一律休校を発表した。木曜日の夕方に翌週月曜日からの休校を告げられた学校関係者、子どもたち、そして働く母親たちは混乱に追い込まれた。

日中、誰が子どもの面倒を見るのか？ 学童保育は開くのか？ 政府与党は令和の現代にあっても、未だ昭和のような「専業主婦モデル家庭」しか頭にないと批判が殺到した。その結果、保育所や学童保育は開くことになり、親が休校の影響で仕事を休んだ場合、賃金が補償されるなどの措置が取られるようになった。

もちろん、それですべて解決したわけではない。夫婦双方がフルタイムで働いていたとしても、結局母親が休職して家にいることになった、テレワークを始めたが子どもがいて仕事にならない、祖父母の手を借りてきたが、感染のリスクから頼めなくなった、休校や在宅勤務で家にいる家族の食事作りに追われた等々、女性たちにかかる負担が増大する結果となった。

90年代半ばに共働き世帯数が専業主婦世帯数を上回ってからは、法律や政策の後押しもあり、育児と仕事を両立させる女性の存在は当たり前のものになっていった。しかし一斉休校の大混乱によって明らかになったのは、「母親が働く」ためには学校や保育所、介護施設などのインフラがきちんと整備され運営されていることが絶対条件であるということだった。

感染の恐怖に押しつぶされるひとり親

中でも最大の苦境に立たされたのがシングルマザーである。派遣の介護士として働きながら5歳の娘と暮らすふみさん（33歳）は一斉休校により保育所が閉まると聞き、慌てふためいた。日中誰が娘の面倒を見るのか？　親とは死別しており、夫からのＤＶにより住み慣れた土地を離れたふみさんには頼れる人がいない。

何よりも気がかりだったのが、もし自分がコロナに感染してしまったら娘はどうなるのかということだった。５歳の娘と離れ離れになることなど考えられない。

「以前、私がインフルエンザになった時、高熱の中、這《は》うようにして病院に行ったことが思い出され、とても不安になりました」

保育所が開くかどうかわからない中、派遣先である老人介護施設に「とりあえず、1週間休みたい」と伝えると、人手不足を理由に断られた。「せめてシフトを減らして欲しい」と希望を出したところ、「ならば次回の契約更新はしない。融通《ゆうずう》の利かない人はいらない」と言われたという。

「休校により子どもの世話をする親には休業補償（小学校休業等対応助成金）があるというニュースを見ていたので、派遣会社にかけ合ったのですが、介護職は休業対象外であること、1カ月以上休むと派遣契約そのものが切れることなどを理由に認められませんでした」

ふみさんは、医療や介護などのエッセンシャルワーカーは休業補償の対象外と言われたというが、小学校休業等対応助成金は業種や職種を限定するものではない。しかしそもそも雇用主が休業を認めなければ何も始まらないわけで、ふみさんのように最も必要とする人が使えなかった事例が後をたたなかった。

「保育所は完全には閉まりませんでしたが、極力利用を控えるようにという通知があって預けづらく、職場では子持ち＝感染源のような扱いをされてつらかったです」とふみさんは振り返る。

自分がコロナに罹《かか》ったら娘はどうなるのかという不安、〝仕事か娘か〟という二者択一を常に突きつけられているようで耐え難かったというふみさんは退職を決意。自己都合退職のため、雇用保険はすぐに下りない。特別定額給付金とひとり親世帯への臨時特別給付金、少ない貯金を切り崩しながら、フードバンクで食糧を得るなどして数カ月をしのぎ、コロナがいったん落ち着いてきた２０２０年７月に期間限定の行政窓口のパート職を得たのだった。

「不特定多数の人が訪れる窓口なので、感染の恐怖は常にあります。でも、働かなければ生活がままならないのでどうしようもありません。皮肉なことに、私が受けられなかった休業補償に関わる仕事でした。契約延長はないので、半年後までに次の仕事を探さなければいけないことが今一番ストレスになっています」

介護職に比べ、手取りは5万円下がって10万円程度。元夫からの養育費はなく、児童扶養手当を合わせてもギリギリの状態だ。

「食費以外もはや切り詰めるところがありません。子どもの将来を考えると不安ばかりです」

ふみさんは結婚前から介護士として働いており、10年を超えるベテランだ。資格と経験を生かす道はないのか？　正規職での求人も多いはずだ。しかし現場は常に人手不足で拘束時間が長く、シングルで子育て中の女性には不向きだとふみさんは言う。

「施設の正規職となれば、土日出勤や早出、遅出があり、保育園の送り迎えに支障が出てしまいます。シフトの穴埋めもしなければならず、残業や休日出勤は免《まぬが》れない。かといってパートでは賃金が安く、生活が厳しく、将来を考えると避けたい仕事です」

ヘルニアの持病もあるため、体力的なことも考え、長い期間、安定して働き続けられる仕事として、現在、事務職への転職を希望して数社に履歴書を送っているが、経験がないことやデジタル化により求人が減少傾向にあるため、簡単には見つからない。

「コロナになってからこの国では父親がいないと本当に生きづらいのだと感じることばかり。金銭面はもちろん、〝ステイホーム〟の影響で父親の存在感が増しているからなのかもしれません。お父さんがいれば郊外まで遊びに連れていってもらえるのに……体がしんどい時、子どもの面倒を見てもらえるのに……ちょっとした相談に乗ってもらえるのに……そんな後ろ向きなことばかり考えてしまいます」

ふみさんは仕事が忙しいことやプライバシーを詮索《せんさく》されたくないという思いもあり、保育園の保護者との付き合いをほとんどしてこなかった。

「公園でも子どもと二人で遊ぶほうが気が楽という感じで過ごしてきたけれど、ママ友がいないと必要な情報を得られず、困ることが多いとコロナ禍では強く感じています。将来への不安や孤独感から娘につらくあたってしまうことがあって、そんな時は自己嫌悪に陥ってしまいます」

誰にも頼れないワンオペ育児の中、ギリギリのところで生活をまわしてきたふみさん。すでにあるさまざまな困難がコロナ禍で一気に噴き出してしまった。メンタル面も心配される状態だ。

シングルマザーの7割が収入減

シングルマザーの当事者団体の一つ、NPO法人しんぐるまざあず・ふぉーらむでは、2020年3月、一斉休校で苦境に立たされたひとり親世帯に対する食糧支援をいち早く開始。12月までの間に延べ1万1000世帯がお米や生活雑貨を受け取っている。しんぐるまざあず・ふぉーらむでは食糧と一緒にアンケートを配布し、ひとり親世帯の現状を知ることに注力してきた。

2020年7月に実施された調査（1816人回答）では、約7割のシングルマザーがコロナによる雇用や収入への影響があったと回答。とりわけ非正規雇用への影響は顕著で、「勤務日数や労働時間が減少した」「収入が減少した」と答えた人が5割になっている（図

図6　アンケート結果①

影響の具体的内容（2020年2月就業者）正規・非正規の比較

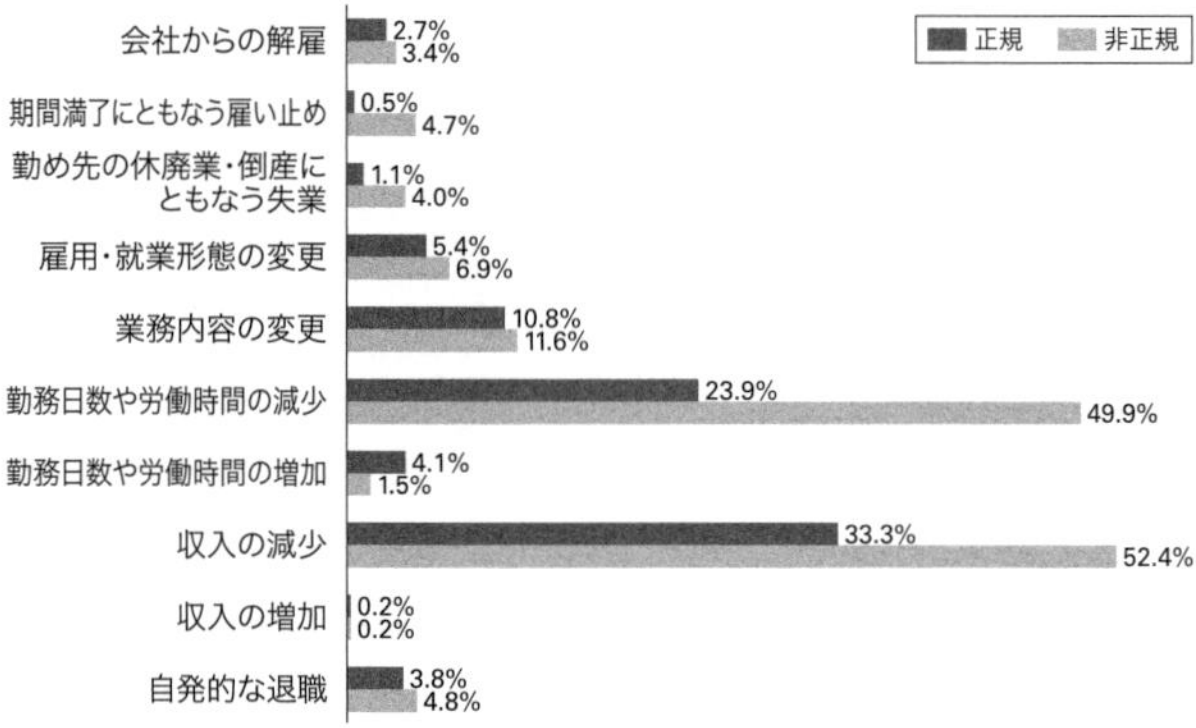

出所：「新型コロナウイルス　深刻化する母子世帯のくらし」認定 NPO 法人しんぐるまざあず・ふぉーらむ&シングルマザー調査プロジェクト、2020年8月28日

６）。日本のシングルマザーの就労率は以前から８割を超えているが、非正規雇用率が高く、収入は少ない。同調査では２月時点で約９割が仕事をしており、約７割が非正規雇用（含自営）として働いていると回答している。

　コロナウイルスによる雇い止めの影響は飲食サービス、宿泊で働く非正規女性労働者に集中的に出ていることから、もともと非正規比率が高いシングルマザーに大きなダメージを与えたということができる。

　また収入への影響は少し遅れて出ており、５月には２月時点で非正規雇用だった人の16％が「就労収入なし」となり、平均賃金も12万１９２８円から10万９６０８円にまで下がっている。コロナ以前から母子家庭では貯金

図7　アンケート結果②

あなたは、子どもや介護が必要な親族への感染を避けるために、自発的に仕事を休んだり仕事をやめたりしましたか

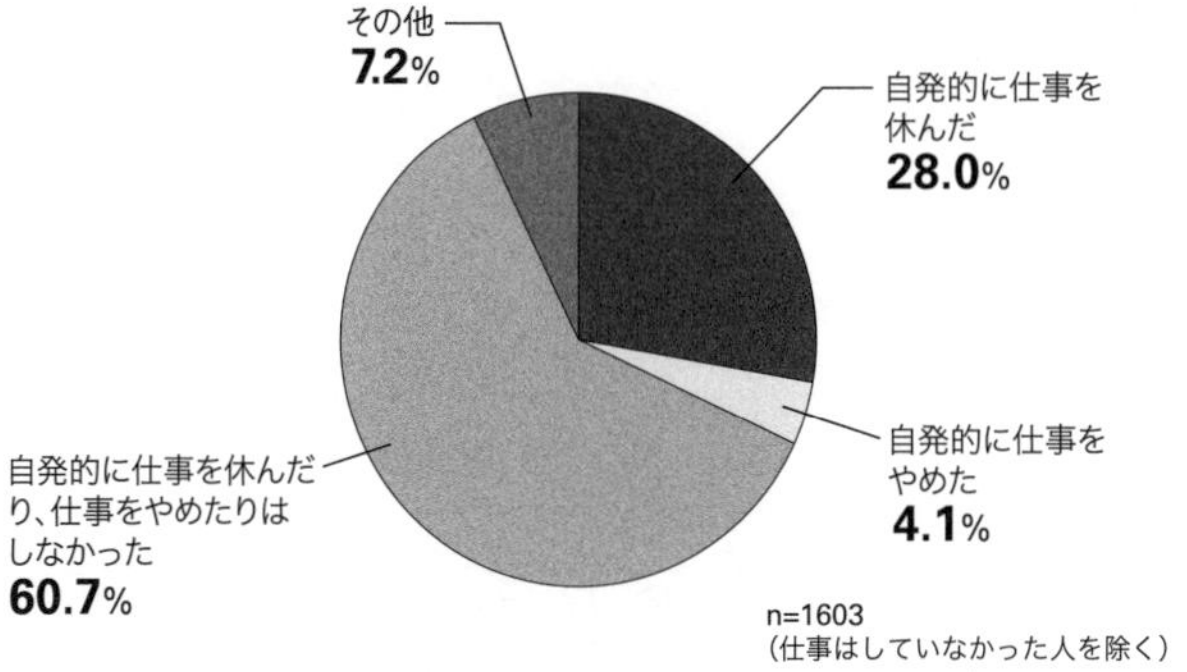

出所：「新型コロナウイルス　深刻化する母子世帯のくらし」認定 NPO 法人しんぐるまざあず・ふぉーらむ&シングルマザー調査プロジェクト、2020年8月28日

額「50万円未満」の世帯が4割弱であるのだが、コロナの影響で「家賃や水道光熱費といったライフラインの支払いを滞納している」世帯が1割あった。自由記述欄には「仕事が減り、子どもたちは1日2食、私は2日に1食が当たり前で体重が激減した」という悲痛な声も見られた。

またコロナの影響で自主的に休職、退職した人がシングルマザー全体の3割を超えていたことも明らかになった（**図7**）。前述のふみさんも言っていた「自分が感染したら子どもはどうなるのか？」という問題が就労継続に大きな壁となって立ちはだかっていることがわかる。自由記述欄には子どもの持病があるという人が、「お金がないことも困るが子どもに何かあったらと思うと、取り返しのつかない選択はできなかった」「自分が感染したら子どもを預けられる場所がないため仕事を辞めた」など切実な声が並ぶ。

さらに突然の休校により、小・中・高校生の子どもがいる人の半数以上が「仕事を休む」「仕事日数や時間を減らす」「仕事を辞める」など仕事に対する影響があったと回答。原則保育園は閉めないはずだったが、いつも通り子どもを預けられた人は2割にとどまり、日数の制限や登園自粛の要請に従った人が7割近くに及んだ。「周囲や先生の目があり、預けられる状況ではなかった」「(預けていたが) コロナ陽性者を受け入れている病院に勤めていることが知られるのが怖かった」など、周囲に頼るどころか、どう見られるかおびえながら暮らしている人もいた。また小学校休業補償についても、給与がすべて支払われたのは2割程度にとどまっていることも明らかになった。

また一斉休校やステイホームが続いたことによる影響は、食費や水道光熱費、通信費など生活費全般を圧迫している。同調査ではほぼすべての世帯で食費が増加し、月1万円以上増加した世帯が全体の約8割、2万円以上増加した世帯が3割に及び、子どもの数が多いほど、影響は大きく、食事の回数を減らした世帯が18%あったこともわかった。

臨時休校やオンライン授業などにより、居住環境やインターネット接続環境、パソコンの有無なども子どもたちに影響を及ぼしている。中学生以上の子どもがいる世帯の37％が自宅に利用できるパソコンやタブレットがないことに加え、「インターネットに接続できない」「通信制限がある」世帯が合計で3割を超えており、多くの世帯でオンライン学習が可能な環境が整っていないことが明らかになった。またアルバイトをして家計を助けている子どもたちも多いが、学生アルバイトもシフト減や休業に追い込まれ、収入減が世帯全体に影響を及ぼしている場合も少なくない。

子どもが幼ければ、誰が面倒を見るのかという現実や不安から休職や離職を余儀《よぎ》なくされ、ある程度の年齢になれば、今度はオンライン授業などによる家庭学習の出費がかさむ――。子どもの人数や年齢などによっても抱える問題が若干異なるものの、仕事、家計、子どものケア、学習等、あらゆる側面から全方位的な影響を余儀なくされていることがわかる。

コロナで閉店、生活は暗転

あけみさん（36歳）も、コロナウイルスの影響により仕事を失ったシングルマザーだ。

小3、小4と年子《としご》の男の子を育てるあけみさんは、週5日、調理師としてレストランで働いてきた。ランチタイム中心に1日4～5時間で収入は10万円に満たなかったが、児童扶養手当と養育費を合わせて何とかやりくりしてきたという。

「子どもが小さいうちはできるだけ一緒にいてあげたいという思いがあり、夕方には終わる仕事を選びました。4年ほど働いて慣れていたし、夏休みにはシフトを減らすなど、家庭の事情に配慮してもらえる、とても働きやすい職場だったのです。家計は常にギリギリで、清掃の仕事を単発でやったりしてしのいできましたが、子どもとの時間を優先するために選んだ生活でした」

ところが２０２０年の2月ころからレストランの客足が減り始め、あけみさんが学校休校の影響で2週間仕事を休んだ後、職場に戻ると「お店は社員だけでまわすことになった」と言われ、休業に追い込まれたという。

「緊急事態宣言が出た後は、お店を閉めることになったのですが、当時は宣言が明けたら仕事に戻れるだろうと思っていました。でも5月半ばを過ぎても音沙汰《おとさた》はなく、本社に問い合わせると5月末で閉店することになったと知らされたのです。ショックでした」

4月・5月分の給料の約6割が休業手当として支払われたが、もともと賃金が安い上、学校休校の影響で休業したことも響き、１カ月分の賃金にも満たなかったという。また4年間勤務していたものの、夏休み等にシフトを減らしていたため、週20時間勤務が条件の失業保険の対象にもならなかった。

「息子たちは休校でずっと家にいるので食費や光熱費がいつも以上にかかります。フードバンクを利用するなど工夫はしましたが、この状況がいつまで続くのか、途方に暮れていました」

そんな状況に追い打ちをかけるように、あけみさんのもとに一通の封書が届く。児童扶養手当に関するもので、児童扶養手当受給開始後5年を経ても無職あるいは求職活動をしていない場合、手当を半減させるというものだった。

「手当を減らされたら本当に食べていかれなくなってしまいます。いずれ就職活動はするつもりでしたが、この時はまだ子どもが休校で家にいる状態だったし、経験がある飲食の仕事は求人がほとんどない。そんな中でも仕事を探せとは……」

仕方なく就職活動を開始したあけみさんは程なく、老人ホームの調理師の求人を見つけて応募。採用されたのだった。

「仕事があるだけでもありがたいのかもしれませんが、平日の昼時に限定されていた以前の職場に比べ、シフトがバラバラで週2、3日しか入れず、土日も祝日も勤務があります。シングルマザーにとって勤務時間が安定しないのはかなりしんどいことです。時給も下がり、月収は3分の2程度の6万円台になってしまいました。転職を考えていますが、しばらくは無理とあきらめています」

最近、製菓製造の副業を始めた。週2日、5時間ほどのシフトだが、少しでも収入がプラスになればという。夫からの養育費が滞っていることもあけみさんに追い打ちをかけている。兵庫県明石《あかし》市など一部自治体では、代理で養育費を催促しそれでも支払われない場合、一部立て替える仕組みがあるのだが、全国の自治体で導入して欲しいとあけみさんは言う。

たとえ経済的に厳しくても、今の自分の身の丈《たけ》に合った仕事をしながら、子どもたちとの時間を大切に生きていきたい――。そんな母子のささやかな生活をコロナは暗転させたのだった。

学習支援や居場所づくりも

コロナ禍ではシングルマザー支援に取り組んできたＮＰＯが苦境に立つ女性たちを助けようとさまざまな活動に取り組んでいる。

神戸市長田《ながた》区にあるシングルマザーと子どものための居場所を運営するＷＡＣＣＡ（わっか）では、２０２０年5月から約１００世帯にマスクや食糧が入った「エール便」を届けている。

「安否確認のつもりでしたが、大きな反響がありました。コロナ禍で失業してしまった人、仕事が減り、生活が立ち行かない人など、かつて相談に乗り、生活が安定したように見えた人たちが相次いで苦境に立たされていることが明らかになったのです」と話すのは、ＷＡＣＣＡ代表の茂木美知子さんだ。

ＷＡＣＣＡは、２０１３年に女性と子どものための開かれた場としてつくられ、ふらっと立ち寄れる居場所や相談スペース、子どものための学習支援、シングルマザーどうしの交流会など、さまざまなプログラムを実施。他にもＤＶ被害者の自助グループや食糧を配布する「フードパントリー」の運営なども行っている。

「エール便やフードパントリーは食糧支援だけが目的ではなく、ＷＡＣＣＡに繋がり、助けを求めてくれるきっかけになればという思いからやっています。皆さん、経済的な問題に加え、苦しみや困難を抱え、孤立しています。お母さんが孤立すれば、子どもも孤立してしまう場合が多い。誰とも繋がれない状況を変えていかなければならないと思っています」

コロナ禍における仕事への影響は深刻で、生活に困窮している母子世帯が増えている。

「今だけでも生活保護を受けたほうがいいとアドバイスすることもあるのですが、抵抗感を示す人がとても多いと感じています。離婚したのは自己責任だから自力で頑張らなければいけないと自分を追い詰めてしまう。無理を重ねた結果、体や心がボロボロになって起き上がれなくなるなど、深刻な影響が出てくる場合が少なくないのです」

　母親が働けない、家族の世話ができないため、ヤングケアラーとして幼い弟妹の面倒を見ているケースも増えているという。子どももまた困難な状況を誰にも相談できず、孤立してしまう。こうした状況を避けるためにも、食糧支援や学習支援、現金給付などに加え、ホームヘルパーを派遣するなど、人的支援も必要だと茂木さんは言う。

　ＷＡＣＣＡでは、緊急事態宣言発令中も休まずに場を開いてきた。スペース的に密になってしまう講座や人数が集まるイベントは開催延期を余儀なくされているが、子どもたちの学習支援「ＷＡＣＣＡ塾」は欠かさずに続けてきた。

「学習支援には30人ほどの子どもたちが来ています。大学以外でもオンライン授業の取り組みが始まっていますが、環境が整わず、利用できない子どもたちもたくさんいます。学校や行政は『タブレットを貸します』とまでは言ってくれるけれど、その後、毎月必要になる通信料を払い続けることが困難な家庭が多いのです」

　またコロナ禍で増えているといわれるＤＶ相談については、１度目の緊急事態宣言中ではなく、感染状況が少し落ち着いてきた２０２０年夏以降に増えていったという。ＷＡＣＣＡを運営する認定ＮＰＯ法人「女性と子ども支援センターウィメンズネット・こうべ」では、ＬＩＮＥ相談のほか、特別定額給付金に関する相談や離婚を考えている人の部屋探しの支援を行っていることをＨＰやポスターで告知したところ、多数の問い合わせが寄せられた。給付金や部屋探しの話をする中で、深刻なＤＶ被害に遭っていることを打ち明けられるケースが多くあったという。

緊急的な支援が重要である一方、長い目で見た繋がりを築いていくことも大切だと茂木さんは話す。

「ＷＡＣＣＡはＤＶ被害から逃げてきた人たちが新しい生活を築く際に孤立することがないようにとオープンしたものです。最近では子どもが巣立ち、高齢になったシングル女性からの相談も多く寄せられています。またかつて相談に訪れた人がボランティアやスタッフとなって支える側にまわるということもよくあることです。コロナ禍をきっかけに以前関わった人と再び繋がったように、人生を通して繋がり続けるこ

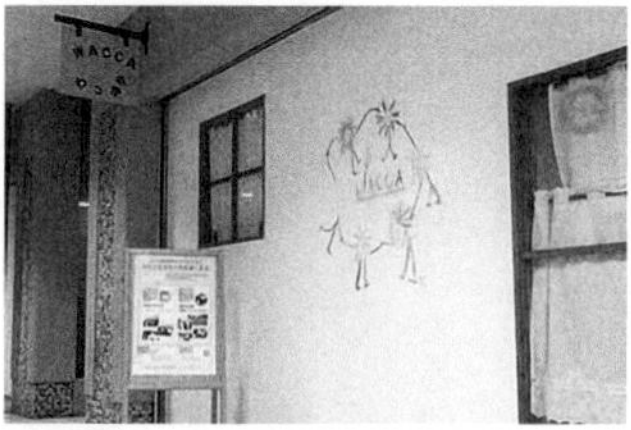

困難を抱える女性やシングルマザー、子どもたちの居場所となっているWACCA（神戸市・長田区）提供：WACCA

とができる居場所を目指しています」

ＷＡＣＣＡを運営する「ウィメンズネット・こうべ」は１９９２年から活動を続けてきたが、阪神・淡路大震災を経て女性への暴力に焦点を当てるようになり、東日本大震災では被災者からの相談を担ってきた。コロナという禍《わざわい》によって、困難を抱える女性たちが繋がることで、ＷＡＣＣＡの描く輪がまたひとまわり大きなものとなるのだとすれば、それは不幸中の幸いといえるのかもしれない。

仕事だけは手放してはいけない

コロナ禍で新しいチャレンジに踏み出したシングルマザーもいる。

さやかさん（39歳）は行政関係の窓口で嘱託《しょくたく》職員として働いている。特にコロナウイルス感染が拡大してからは、貸付や給付金を申請する人々で窓口は常に混雑しており、本来は担当ではないさやかさんも駆り出され、手続きにあたっているという。

「飲食店で働く人など、職を失った人からの相談が多く、他人事ではないと感じました。多くの人が訪れる窓口ですから、コロナ感染の恐怖はもちろんありますが、仕事があるだけ感謝しなければならないと感じたのも事実です」

さやかさんは現在、両親、祖父、５歳の息子の５人で暮らしている。特に祖父は高齢なので接触を控えるなど注意を払っているというが、それでも息子の面倒を見てもらえる環境は恵まれているとさやかさんは言う。

「将来を考え、非正規ではなく安定した職に就かなければという思いがありましたが、今ひとつ踏み切れなかった。でも離婚の決着がついたことや年齢的に先がないこと、そしてコロナ禍で簡単に解雇されてしまう非正規の現実を目の当たりにし、正職員登用の試験にチャレンジすることにしたのです」

仕事から帰って息子の世話をし、仮眠を取った後、夜中に起き出して猛勉強した。結果、見事、試験にパスし、２０２１年４月から正職員としての採用が決まったのだという。

さやかさんは、ＣＡＤオペレーター（パソコン上で機械部品や建築物などの製図を行う仕事）を皮切りにさまざまな仕事を経験してきた。就職氷河期で正社員の求人が少なく、ようやく入社できたと思ったらブラック企業……ということもあったという。その後、働きながら専門学校に通って、社会福祉士の資格を取得。福祉関係の仕事に転職して経験を積み、やりがいを感じながら働いてきたが、妊娠中つわりがひどいことから退職。夫からのモラハラが始まったのはこのころだった。

「子育てはイメージしていたものと異なっていました。子どもの夜泣きで睡眠が取れず、夫は何一つ手伝わないでダメ出しばかりする。『お前はダメな母親だ』『人間として価値がない』と言われ続けるうちに、自信を失っていきました」

夫からの暴言やモラハラは日に日にエスカレートした。さやかさんはうつ状態になり、生後数カ月の息子の世話で家に閉じこもるうちに、外に出かける気力も失せていったという。

「ある日、ひどい暴力を振るわれて放心状態になった私は役所に来ていました。吸い込まれるように相談窓口を訪ねると『それはＤＶですよ』と言われ、呆然としたんです。福祉関係の仕事をしていて知識もあったはずなのに、無力なものですね」

逃げる決意を固めたさやかさんは警察に助けを求めた後、呼ばれたタクシーでシェルターへと向かった。

「ものすごく不謹慎な言い方かもしれませんけれど、タクシーに乗った時、少しだけワクワクしたんです。先行きを考えると不安ばかりなのに、本来の自分を取り戻せたような感覚があったのだと思います。シェルターでしばらく過ごしたのですが、幼い娘がよく笑うようになって……こんなところにもＤＶの影響が出ていたのだと痛感しました」

さやかさんはカウンセリングを受けたり、シングルマザーが集まるおしゃべり会に参加するなどしている。同じ立場だからこそ話せる悩みが少なくない。しかしコロナの影響でおしゃべり会はここ数カ月開催されていない。こんな時だからこそ繋がりたい気持ちは強いのに残念だとさやかさんは言う。

「私の場合、妊娠中に仕事を辞めてしまったことが間違いだったと感じています。仕事を辞め、経済力を失うと、結婚生活がうまくいかなくなっても逃げ場がなくなります。私の場合は、仕事を辞めたことで自尊心まで失ってしまったように感じています。仕事を辞めてしまったシングルマザーが再就職し子どもを育て上げることがどれほど大変なことか身にしみています。だからつらくても仕事だけは手放してはいけないと自分に言い聞かせているんですよ」

コロナ禍で苦境に立たされているシングルマザーの声を聞いてきた。誰もが皆、苦しい状況にありながらも、子どものことを一番に考え、日々を懸命に生きていることがわかる。シングルマザーの経済的困難はコロナ以前から突出しており、吹けば飛ぶような脆弱な基盤しか持ち合わせていなかった。とりわけコロナ禍では、解雇や雇い止めが非正規女性に集中したこと、学校休校やステイホームの影響でケア役割が増大したこと、家計の経済的負担が増えたことなど、母子世帯はダブルパンチ、トリプルパンチに見舞われている。

政府による対応も迅速とはいえず、たとえば「ひとり親がコロナに感染した場合、子どもはどうなってしまうのか？」といった当初から心配されていた問題に対しても自治体によって対応は異なり、安心できる解決策が用意されていない現実がある。

誰にも相談できず、母子ともに孤立する世帯も少なくない。緊急の経済的支援に加え、安心して相談できる居場所の確保やメンタル面のサポートなど、総合的、長期的視点に立った支援が今まさに求められている。

第2章

ステイホームできない女性たち

Ⅰ　増加する家庭内暴力

ＤＶ夫の在宅勤務が決まり、発作的に家を出た

３月下旬ごろ、コロナウイルス感染拡大にともない、盛んに使われるようになったのが〝ステイホーム〟という言葉である。外出を控え、家で過ごすことが要請されたが、ＤＶや家族との関係が良くないなど、安心してステイホームできない人々はこの状況に恐れおののいた。

美帆さん（41歳）もその一人だ。長年、夫からの暴力に苦しんできた美帆さんは夫の在宅勤務が決まると子どもたちを連れて発作《ほっさ》的に家を出た。ＤＶが始まったのは５年ほど前にさかのぼる。首を絞められたり、殴られたりすることが頻繁にあった。美帆さんは子どもの定期検診の問診時に相談したことをきっかけに住んでいた自治体の子供家庭支援センターなどに繋がり、夫から離れることを勧められていたそうだが、未就学児を含む３人の子どもを抱える美帆さんにとってそれは容易なことではなく、長い間決断がつかずにいたのだという。

「だんだん感覚が麻痺《まひ》していったんでしょうね。夫が激昂《げきこう》して殴ってきても『ここを耐えれば終わるんだ』って我慢することが習慣になってしまった。夫は出張が多く、帰りも遅かったので、何とかなっていた部分もありました。〝ワンオペ育児で大変でしょう〟と言われるけれど、ワンオペのほうがどれほど良かったかしれません」

美帆さんはフルタイムで働いている。出産後に仕事を辞めたが、3年ほど前から再び仕事を始め、半年ほど前に正社員になったばかりだった。

「夫は早く働いて金を入れろ、タダ飯を食うなと暴言を吐く人でした。私も『将来のためにも仕事がないといけない』と思っていたので、末っ子を出産した直後から働き始めました。理解がある職場でベビーカー連れで出勤させてもらったこともあります」

最近、夫の暴力や暴言が子どもに向けられることが増えてきており、「早く家を出なければ」という思いを持っていた。しかし逃げることになれば、現在の生活をすべて失うことになる。美帆さんは仕事を辞め、子どもは転校することになるかもしれない。

婦人相談所の一時保護施設に入った場合、数週間は通勤や登校は難しくなる。その後も夫との接触を避けるため、遠方への引っ越しを余儀なくされ、これまでの生活基盤を失うことになってしまう。

「どうして被害者である側の私たちが仕事も生活環境も友人関係も奪われなければいけないのという思いもありました。でも緊急事態宣言が出され、夫も私も在宅になり、保育所にも学童にも預けられない。そうなったら殺されるのではないかと思ったのも事実です」

以前から繋がりのあるDV支援の窓口に相談したところ、美帆さんは婦人保護施設ではなく、DV支援を行っている民間の支援団体が所有するアパートに入れることになった。ここならば安全を確保される上、仕事に通うことも可能だ。実際は美帆さんの会社も4月からテレワーク中心となったため、通勤せずに母子4人の生活に向けた準備を整えることができたのだった。

「ある時、職場の上司から連絡があり、夫から私の所在を尋ねる電話がかかってきたと伝えられました。怪しいと思った上司は『在宅勤務でオフィスには誰も来ていない』と答えたそうです。事情を話すと『落ち着くまで出てこなくて大丈夫だから』と言ってくれました。緊急事態期間でなければ夫が職場に押しかけてくるとか、面倒なことになったかもしれないので助かりました。世の中が止まっていたこの時期に次の生活に向けて動き出せたことは大きかった」と美帆さんは振り返る。

支援団体から紹介された弁護士を通して離婚を申し立てた美帆さん。調停を経て10月に離婚が成立した。現在は給与に児童扶養手当と養育費を加えて生活しているが、年収３００万円に満たない金額だという。

「今よりも離婚成立前の数カ月が大変でした。児童扶養手当やコロナ禍のひとり親世帯向けの給付金は離婚前ということで受け取ることができませんでした」

美帆さんの場合は比較的早く離婚が成立し、養育費の取り決めもできているが、長期間別居のまま離婚の話し合いすらできないケースなどでは、ひとり親世帯とはみなされないため、手当等を受け取ることができず、困窮、孤立してしまう〝プレ・シングルマザー〟が抱える問題もある。

現在美帆さんはシェルターを離れ、仕事を辞めることなく、転居先で子ども３人との生活をスタートさせている。

「子どもたちが転校しなければならなかったことについては申し訳なく思っています。家を出てから上の子の甘えっぷりが増していて、これまでの反動なのでしょうか。夫は『宿題を見る』と言って厳しくあたっていたので、子どもたちは感情を抑え込んできたのだと思います」

コロナ禍に背中を押される形で、家を出ることになった美帆さん。災い転じて福となることを祈らずにはいられない。

安心できる居場所がない少女たち

コロナ禍による外出自粛の影響で、家庭内でのＤＶが増加するという警告は早い段階から伝えられていた。２０２０年４月に国連事務総長らが「シャドーパンデミック」として女性や少女への影響を指摘。日本でもＤＶ被害者の支援を行ってきたＮＰＯ法人全国女性シェルターネットらが虐待の危険にさらされている女性や子どもの保護のため早急な対応が必要であるとして、相談窓口を閉じないことなど、支援体制の強化をいち早く訴えた。

政府はこれに応え、全国に設置されている配偶者暴力相談支援センターに加え、24時間対応の相談電話、ＳＮＳ・メール相談を受け付ける「ＤＶ相談＋（プラス）」事業を開始。必要な場合の同行支援や保護、緊急時の宿泊先の提供を実施するなどの対応を行った。２０２０年４月以降、窓口に寄せられた相談は前年の１・５倍ほどに増加しており、ニーズが高まっていることがよくわかる。またＤＶや虐待を受けていても目の前に虐待する家族がいて連絡できないケースがあることも考えられ、ここにある数字は氷山の一角という見方もできるだろう。

ステイホームによる影響は未成年者にも及んでいる。実家に暮らしているが家族と折り合いが悪い、虐待を受けているなど、もともと抱えていた困難がコロナ禍により深刻度を増している。暴力や虐待に加え、性犯罪も増加。「性犯罪・性暴力被害者のためのワンストップ支援センター」に寄せられた２０２０年の相談件数は前年比の１・２倍となり、妊娠に関する相談も増えている。望まない妊娠をした人などからの相談を受け付ける「にんしんＳＯＳ」には前年比約１・２倍の相談が寄せられ、10代に限ると約１・８倍に増加した。

10代の少女を中心に若年女性への支援を行ってきたＮＰＯ法人ＢＯＮＤプロジェクトでは、ＳＮＳや電話による相談のほか、街で直接声をかけるなどの活動を通して、居場所のない少女のため、シェルターでの宿泊提供を含む、さまざまな活動を行っている。コロナ禍での影響を知るため、２０２０年６月中旬に10代・20代女性へのアンケートを実施。９５０人から回答を得ている。アンケートでは、家族からのＤＶやモラハラ等により、家庭が安心できる居場所になり得ていないこと、飲食店への休業要請により、終夜営業のファストフード店などの〝逃げ場〟がなくなった結果、家庭内で深刻な状況に追い込まれる少女が少なくないことも明らかになった。

以下アンケート結果を詳しく見ていくことにする。アンケートではコロナで困ったこととして、「家族・おうち」「体と心」「お金と暮らし」他、複数の項目ごとに回答を得ている。「家族・おうち」に関し約６割が「困ったことがあった」と回答。具体的には「家族からイライラをぶつけられた」が32%、「暴言を言われる」が22%に達している。「体と心」に関しては、９割以上が「困ったことがあった」と回答。「心配や不安が増えた」「やる気が起こらない」「消えたい、死にたいと思った」がいずれも7割に達するなど、メンタルにおいて深刻な影響が出ていることがわかる。また全体の36%、中学生の47%が「自分を傷つけることが増えた」と回答しており、自傷行為や自殺念慮がある人が増えていることがうかがえる。

「お金と暮らし」に関して、約６割が「困ったことがあった」と回答。具体的には「お金がない、お金に困った」（３２５人）、「仕事が減った、なくなった」（１５６人）、「借金をした」（44人）、「食べるものがなかった」（42人）など、経済的に追い込まれている人がいることがわかる。暮らしの面では、４人に１人が「いつも行く所が休みで、行く場所がなかった」と回答している。

また約１割が「望まない妊娠をした、その不安があった」と答えており、その相手は「交際相手」33人、「援助交際、パパ活、泊めてくれた人」19人、「知らない人」14人、「父親、兄、弟、その他親族」11人であった。

アンケートからもコロナ以前から、家庭は少女たちにとって安心できる居場所ではなかったことがうかがえる。親や家族からの暴言、暴力、無関心などつらい状況にある中、街に出かけ、友だちに会うことで日々をやり過ごしてきた人もいるだろう。しかしコロナ禍によりかろうじて機能していたセーフティネットが激減し、自宅で過ごすことを余儀なくされてしまった結果、精神的に追い詰められていることがわかる。

家庭が安全な居場所ではないことによって引き起こされる弊害は、未成年の少女に限ったことではない。成人して就職し、実家を離れても、不安定雇用で働くことが多い女性にとって、一人で自立して生きていくことには常に困難がつきまとう。いざという時、頼れる実家がないことや、かつて受けた心の傷はその後の人生に影を落とす。次に紹介するふみかさんは困難な家庭環境から逃れ自立したものの、コロナ禍で仕事とささやかな暮らしを失い、実家に戻らざるを得なくなってしまった。

コロナで失職、実家にもいられず、死ぬ準備をした

ふみかさん（24歳）に出会ったのは、２０２０年12月下旬。彼女が家を失う瀬戸際に立たされ、決断を迫られていた時だった。ふみかさんは２週間ほど前までカフェでバリスタの仕

事をしていたが、パニック障害が悪化して働けなくなってしまった。給付金や貯金で何とかやり過ごしていたがそれが尽きればホームレスになってしまう——。

大学時代、アルバイトをしていたカフェチェーンでバリスタの仕事を知り、そのまま就職を決めたふみかさん。

「エスプレッソマシーンでラテアートを作る先輩を見て憧れました。『この仕事しかない』という思いが強く、大学を中退してしまったんです。今考えれば卒業しておけばよかったなあと思います」

仕事は充実していたものの、労働条件は悪く、ずっとアルバイトの身分のままだった。

「週6日、土日も働いてようやく手取り16万〜17万円でした。最初の1年は社会保険にも入れてくれなくて……いわゆるブラック企業ですけど、この業界は多いんだと思います。でもバリスタになりたい人はほかにいくらでもいるという感じで」

3年ほど働いた後、コーヒーチェーンを退職。ショッピングモールにある雑貨店で販売の仕事を始めたふみかさん。しかしその仕事を始めて半年ほどでコロナ禍に見舞われ、緊急事態宣言下で店が閉まることになったのだった。

「とても働きやすい職場で、ギリギリまでシフトを入れてくれていたんです。でも4月に入ってモール自体が閉まることになり、どうにもなりませんでした」

ふみかさんは数年前から一人暮らしを始めていたが、その賃貸の契約更新が２０２０年の４月に迫っていた。

「コロナで先が見えないことから、親に『実家に戻ってこい』と言われていて……いつお店が再開するかもわからなかったので、なすすべがありませんでした」と振り返る。

しかし実家に戻ったことが、ふみかさんをさらなる困難へと追い込むことになる。実家には母と義父、幼い弟らが暮らしているのだが、ふみかさんはこれまで何度も義父からの性的虐待の被害に遭っていた。しかし彼女自身、その異常性に気がついたのは最近のことだったというのだ。

「父親からされてきたことについて、これまで誰にも話したことがありませんでした。でもコロナで実家に戻らなければならないことに強いストレスがあって、そのことを友だちに話しているうちに『そんなの普通じゃない』と言われてようやく気づいたという感じです」

数年前、その事実を知った母親はふみかさんを守るどころか、恋敵《こいがたき》を見るような態度で接し、家を出ていくように命じたのだという。

「ここ数年、一人で生活するようになったことも大きかったのだと思います。フラッシュバックのように過去の記憶が湧き上がってきて……耐えきれず、実家に戻って3カ月後の7月に友だちの家へ駆け込んだんです」

新たな仕事を探し、今度こそ親の干渉が及ばない場所に引っ越そうと考えたふみかさんはすぐにバリスタの仕事を得て働き始めた。しかし一度悲鳴をあげた心は簡単に元に戻らなかった。

「働き始めてしばらくすると動悸《どうき》がして電車に乗れなくなりました。仕事に向かう途中、駅で失神したこともあります」

胃痛や吐き気もあり、もうこんな自分は嫌だ、死んでしまいたいという考えが頭をよぎり始めたそうだ。

「死のうと思って何度か山に行ったこともあります。メールや写真のフォルダを一つひとつ整理しました。死ぬためのタスクを考え、実行することがその日生きる唯一の理由だったように思います。最悪のことをしているという感覚はなく、死に一歩近づくことは自分にとって幸せなことなんだと思い込んでいたんですね」

そんな様子をみかねた友人の必死の説得で、何とか精神科にたどり着いたふみかさん。

「友人には本当に迷惑のかけ通しでした。着信があると私に何かあったんじゃないかと気が気じゃなく仕事に集中できない——自分も精神的におかしくなってしまうと言われました。精神科の先生からもお互いに良い関係ではないから離れるほうがいいと勧められ、私は友人の家を出ることにしたんです。その後、叔母夫婦のところに泊めてもらえないか連絡したのですが、やんわり断られ、今は別の友人夫婦の家にやっかいになっていますが、長くいることはできません」

その後、市役所の相談窓口を経由して、婦人相談員に繋がったふみかさんは、父親からのＤＶ被害者として婦人保護施設へ入所可能であると言われたという。

「何とか自力で頑張ろうともがいてきたけれど、今の精神状態では厳しい。まずはメンタル面をきちんと回復させ、次の仕事を探すほうがいいと思っています」

ふみかさんは20代前半と思えないほど独立心が強く、しっかりした印象を与える人だ。婦人保護施設の情報などもインターネットを通じて自分で調べた。婦人保護施設には相談員がいること、衣食住が確保できることなどメリットがある。ただ一つ気がかりなのが、パソコンや携帯電話などを一切使えなくなることだ。

「次の身の振り方が決まるまで半年近く入所することになると思うのですが、その間、友だちとの接点が切れてしまうことを考えると躊躇《ちゅうちょ》してしまうんです。施設に持ち込める荷物はトランク1個分程度と聞いているので、今友だちの家に置かせてもらっている本などをどうしたらいいのか迷っています」

生活保護を受け、住まいを確保した上で、病院に通う方法もあるとアドバイスされたが、母親が再婚する前、家族で生活保護を受けていた経験があるふみかさんは生活保護にいい印象がないのだという。

「生活保護を受けていると市バスに無料で乗れたりするのですが、そのことを友だちに無邪気に話していたら母親が激怒したんです。生活保護は恥ずかしいことなんだ、他人に知られたらいけないことなんだと知りました」

何よりも今、自殺念慮があるふみかさんにとって、一人ぼっちになることは一番避けたいことなのだという。

「精神的にも一人暮らしは厳しいと感じているので、山で修行するような気持ちで施設に入ろうかと思っています。ネット依存気味なのでちょうどいい機会かもしれません」と自分に言い聞かせるように語っていたふみかさん。それから数カ月。時折更新していたブログが年末で止まっている。ふみかさんは婦人保護施設に入ったのだろうか？

コロナ禍によって実家に戻ることを余儀なくされた結果、過去のトラウマに直面したふみかさん。

「朝窓を開けるとびっくりするんです。いつの間にこんなに寒くなったんだろうって。それくらいこの1年は時間が止まったまま過ごしてきたんだと思います。桜が咲いて散った記憶なんてまったくない。でもこれを機に、しっかりと自分と向き合いたいという気持ちもあります」

タイムラインに溢れる「おうち時間」の裏で

緊急事態宣言が発令されたころから、「ステイホーム」や「おうちで過ごそう」といった言葉が日本中を埋め尽くした。外出自粛が続く中、テレビの外食グルメ番組や旅番組は「おうち時間」を過ごすための企画に切り替わり、ＳＮＳには料理や普段できない趣味に取り組みながら、「おうち時間」を楽しみ、家族の絆を深め合う人々の投稿で溢《あふ》れた。

しかし「ステイホーム」を実行するには、住居の広さや部屋数、インターネット環境、ある程度の経済的ゆとりが必要だ。もともと不協和音が響いていた夫婦、問題を抱えていた家族にとって、それは耐え難く苦痛なものであっただろう。また単身者の中には人と話す機会が減ったことで孤立を深めたという人もいる。ステイホームによる幸福度の差は、密かに広がりつつある〝家族格差〟を浮き彫りにした。

幸せな家族の後ろ側で、家族という陥穽《かんせい》に苦しむ人たちは声をあげることができない。冒頭で紹介した美帆さんも「ワンオペ育児は大変でしょう」と声をかけられても「夫が暴力を振るうのでいないほうが助かるんです」とは言えなかった。

「家族とは仲睦《むつ》まじくあるべきだ」「互いに助け合うべきだ」という価値観が多勢の中、本当のことは言いづらい。また「家庭の問題を外に持ち出すことは恥」という考えや「そうなったのは自己責任」という思いから、他人に助けを求めにくくなる。そうした状況の中、家庭はさらに密室化され、暴力や虐待などの〝犯罪〟は隠蔽《いんぺい》されていく。ふみかさんは幼少期から受けてきた性的虐待についてよくわからなかったと話していたが、人は自分が育った家庭を〝標準〟と思うため、家庭内の〝犯罪〟が表面化することはますます難しくなる。

問題が起きたらまずは家庭内（親しい親族含む）で解決すべきという価値観は個人のみならず、国によっても求められがちだ。菅《すが》義《よし》偉《ひで》首相は、絆を大切にまずは「自助」で努力すべきであると度々語っている。こうした考え方は生活保護の扶養照会や世帯単位で支給される給付金などにも色濃く反映されてきた。

「特別定額給付金」を世帯ではなく個人単位で支給したことは、画期的であるといわれた。

しかし結局のところ世帯主に振り込まれるという形を取ったため、実質世帯単位での給付と大差がなくなってしまった。それでもＤＶ等により別居している場合、別途受け取る手続きが可能になるなど一定の対応も見られた。

　この世の中、絵に描いたような幸せな家庭がどれほどあるのかしれない。一見、幸福そうに見えても多くの問題を抱えている家庭もあるだろう。私たちは表からは見えづらい、家族の脆《もろ》さや危うさに、想像力を働かせるべきだ。日々繰り返される児童虐待のニュースからも明らかなように、家庭は安心・安全な場所とは言い難い。

　また、虐待をする者に対して許せないという感情を持つのは当然のことだ。しかしその人もまた困難を抱え、孤立している場合も少なくない。罪を犯す前に、被害に遭う前に、外に出しづらい家庭内の問題について、気軽に相談できる場所があればいいと思う。家庭以外の安心・安全な場や人間関係をつくることは大切だ。国も「世帯」から「個人」単位に目を移し、個々の人々の人権が優先される環境をつくるべきであるだろう。

Ⅱ　行き場をなくした果てに

緊急事態宣言、ネットカフェ閉鎖

　ステイホームできないのは、DVや虐待等、家庭内に問題を抱える人ばかりではなかった。2020年4月7日、東京、大阪、神奈川、埼玉等7都府県に、16日には日本全国に対して緊急事態宣言が発令されると、レストラン、居酒屋等の飲食店のみならず、カラオケボックスやネットカフェなども一斉に休業することになった。

　そうした状況の中、大きな影響を受けたのが、ネットカフェなどを生活の場とする、いわゆるネットカフェ難民の人たちだ。2016〜17年に東京都が実施した調査によれば、住居がなくネットカフェを居住の場として利用する人が1日4000人程度いることが、明らかになっている。長期にわたり利用していた人に加え、コロナの影響で困窮した人やDVから逃げてきた人など、ネットカフェには通常時よりも多くの人がいたはずだ。ネットカフェ以外にも夜を過ごすことができるファミレスやファストフード店が休業したことから彼らは路上へ放り出された形となってしまったのだ。

東京都は彼らのためにビジネスホテルを用意。神奈川県は体育館を開放し、埼玉県もスポーツ施設を提供することとなった。しかし当初、東京都が用意したビジネスホテルは500室、埼玉県に至っては30室と明らかに数が足りない。また情報を得る前にネットカフェを出てしまった人も多く、必要な人に行き渡らなかった。ニュースで神奈川県がネットカフェ難民のために提供した体育館の映像を観た。最近の避難所のように体育館を布で区切り、感染対策とプライバシーに配慮していたが、女性一人で宿泊できる場所でなかったのか、この施設を利用した女性はいなかったという。

日頃からホームレス支援を行っている団体等は路頭に迷う人が出ないようにと緊急事態宣言下でも活動を続けていた。一般社団法人つくろい東京ファンドがインターネット上に、家を失った人のための問い合わせフォームを作成したところ、行き場を失った人たちからのSOSが殺到した。

所持金が尽き、携帯電話を止められている人が多いため、メールでやりとりするほかない。しかしフリーWi-Fiが繋がる場所は少ない上、いつ携帯が電池切れになるともわからない。実際に横浜で携帯が充電切れになって困ってしまった男性がいつも利用していたネットカフェに不法侵入し充電していたところ、逮捕されてしまうという事件が起こった。ネットカフェはきちんと戸締まりをしておらず、入ることができたそうなのだが……。携帯電話は命綱であるということを象徴したような事件である。

メールでの連絡を待ち、路頭に迷った人がいる場所まで、直接迎えに行くという〝アナログ〟な方法を繰り返しながら、つくろい東京ファンドらの支援団体は、多くの人たちを東京都が用意したホテルや生活保護へと繋いできた。しかしその中には本書冒頭で紹介したまきさんが遭遇した〝水際〟的やり方で、ホテルを案内されなかったり、生活保護申請を断られるといったケースが後をたたなかった。

特に女性が受けた〝水際〟で多かったのが、「女性の場合、ホテルではなく、婦人相談所の一時保護所に入ることになっている」と言われるというものだった。一時保護所というのは、主にＤＶから逃げてきた女性が一定期間、滞在する場所なのだが、大半の施設ではＤＶ被害者の居場所が特定されるリスクを避けるため、携帯電話やインターネットを利用することができない。しかし女性たちの中には日雇いで働いている人も多く、その連絡手段である携帯が使えなくなることは考えられない。我が身に置き換えても、施設に入れられて携帯もインターネットも使えない生活など耐えられないと思うのが当然ではないだろうか。一時保護所は原則一人部屋だが、混雑時には相部屋となるところもあるため、感染リスクを考えれば理想的な環境とは言い難い。

他にもＤＶからネットカフェに逃れていた女性が生活保護を申請したところ、要件を満たしているにもかかわらず、「前日泊まったネットカフェがある区役所で申請しろ」と言われたり、「仕事を辞めなければ受けられない」と追い返されたケースもあった。困窮している人にきちんとした情報や選択肢を与えないやり方には憤りをおぼえる。やっとのことで支援の窓口に繋がり、ようやく安心して眠ることができる……と思われた矢先に突きつけられた現実。彼女たちの絶望は想像するに余りあるだろう。

女性ホームレス殺害の衝撃

女性ホームレスやネットカフェで暮らす人の数は男性に比べて圧倒的に少ないといわれてきた。しかし長引くコロナ禍により、男性のみならず、女性や家族連れの人も路上に出始めている――そんな声が聞かれるようになってきたころ、ショッキングな事件が起きた。２０２０年11月16日早朝。渋谷区幡ヶ谷のバス停でホームレス女性（64歳）が男性に殴り殺されたのだ。

女性が亡くなったベンチは幅40cm奥行21cm程の小さく狭いものだった

　亡くなった時の所持金は８円。女性は同年２月までスーパーで働いていたが、コロナによる影響だろう。仕事を失い、４月ごろからバス停のベンチで夜を明かすようになったという。ベンチといっても真ん中に仕切りがあるため、体を横たえることはできない。半時間ほど座るだけで腰が痛くなるような、狭く冷たいベンチが女性の唯一の居場所だった。人の迷惑にならないよう、終バスが出た２時ごろに来て、始発が来る５時にはその場を離れる。心配して声をかけた人にも「大丈夫」と答えていたという女性。なぜこんなことが起きてしまったのか？

　殺害事件から3週間ほど経った12月初めには、女性を追悼する集会とデモが開かれ、１７0人ほどが参加した。クリスマスイルミネーションに彩られた渋谷の街を「ホームレスを排除するな」「殺すな」などのプラカードを持った人々が無言で歩いていく。参加者の多くは女性だった。「彼女は私だ」と書かれたポスターを持ってデモに参加した50代の女性はかつてＤＶ被害に遭い、離婚した経験があるという。

「都心の住宅地で何不自由ない生活を送っていましたが、夫のＤＶと離婚調停でボロボロに

ホームレス女性を追悼するデモには多くの人が集まった

なりました。女性はちょっとしたことで経済的安定を失い、家を失うリスクがあるのだということを身をもって経験したので、いても立ってもいられず参加したんです」と話す。

けいさん（38歳）も事件に衝撃を受け、デモに参加した一人だ。誰もが知る有名私大を卒業後、就職氷河期末期に社会に出たけいさんはこれまで一度も正社員として働いた経験がない。非正規で細々と働いてきたが、コロナ禍で仕事を失った。

「働くことに対して冷めた見方をしていたんでしょうね。〝いい大学〟に入り〝いい就職〟をしたから安泰とは思えなくて。就職活動もきちんとしませんでした」

大学卒業後はアルバイトを経て2年契約の大学事務職員として働いたこともあるが長続きしなかった。そんな彼女がたどり着いたのが日雇い派遣の仕事だ。

「人間関係に苦手意識があるせいか、同じ場所で同じ人と働くことに忌避感を持っていました。それで日雇い派遣の会社に登録し、工場での組み立てや倉庫でのピッキング作業などを中心に日雇いで働きながら食いつないでいたんです」

日給は平均で７０００円程度。家賃と食費に加え、高校と大学の時に借りた奨学金の返済が月３万円ほどあったが、生活に困ることはなかったという。

しかし、２００８年、リーマンショックの際、日雇い派遣という仕組みが貧困の温床になっているとして日雇い派遣が原則禁止に。けいさんが登録していたグッドウィルやフルキャストなど日雇いを専門とする派遣会社も次々に事業から撤退した。

「家賃が払えなくなったので、友だちの家に居《い》候《そうろう》させてもらっていましたが、その友だちも失職したのでしばらくの間、河川敷《かせんじき》のテント村で生活したこともあります」

野宿生活になって一番ショックだったこと

野宿の人に交じって河川敷で暮らすとは想像を絶する体験のように聞こえるが、けいさんは大学時代から野宿者の支援に関わっていて知り合いもおり、大きな抵抗はなかったのだという。フィールドワーク的な関心もあったのかもしれない。

「野宿生活になって一番ショックだったのが、人々から向けられる眼差しです。アルミ缶を集めてまわっていると男性からじとっとした眼で見られ、『お金をあげるからついてこい』と声をかけられることが頻繁にありました。そこには性的な意味が含まれるわけですが。それまで生きてきてこんなにわかりやすいセクハラを受けたことはなかったので。貧乏な女は金さえ渡せば体を差し出すだろうという論理がまかり通っていることに驚きと絶望を感じました」

前述のホームレス女性を殺害した男は動機として「金をやるからどけと言ったが聞かなかったから」と供述しているという。女性ホームレスが襲撃された事件は今回が初めてではない。社会の中で最も脆弱な存在といえる女性ホームレスに向けられる差別や偏見、そしてそれが暴力や排除へと繋がっていく構造がけいさんの話を通して浮き彫りになってくる。

そんな環境が苦しくなったけいさんは再び日雇いで働くようになった。日雇い派遣は原則禁止されているため、日雇手帳（通称・白手帳）を取得して働くことを選択。白手帳は一定の条件を満たし、公共職業安定所（ハローワーク）の認可を受けることで発行される日雇い労働者のための雇用保険。働いた日に印紙を貼り、その枚数が前月と前々月合わせて26枚以上あれば、日雇い仕事にあぶれた日に一日単位で失業給付金が受け取れるものだ。

「おかげで家を借り、生活を立て直すことができました。建設現場や学校などに資材や机等を組み立てて搬入する仕事で、月収は多くて20万円ほどですが、自分には合っていたと思います」

しかしけいさんは２０２０年2月末に足をねんざし、動けなくなってしまう。1カ月半ほどで仕事に戻ろうとしたものの、緊急事態宣言が出された時期と重なり、仕事はほとんど入ってこない。

「白手帳による失業給付は前月と前々月に働いた日数が基準となるので、怪我で休んでいた私はもらえなかったんです。それでも特別定額給付金などでやり過ごしていましたが、仕事はほとんど入ってこなくなり、どうしたらいいのか途方に暮れてしまいました」

２０２０年9月、せめて役所に出向く気力が残っているうちにと相談に行ったけいさんは生活保護を勧められ、受給を開始した。

「外に放り出されずにすんでほっとしていますが、先のことを考えると不安ばかりです。野宿者運動に関わっていたころは、立場の弱い者どうし、貧乏な人どうし連帯していきたいという思いがあった。でも現実は自分が生きることで精一杯。私も亡くなられたホームレス女性のようになる日が来るのではないかと感じています」

　けいさんの経験してきたことは一般的ではないかもしれない。学歴もあり優秀な人ならば就職できるはずという意見もあるだろうが、彼女は決して贅沢を望んでいたわけではなく、日々生活できる程度の糧《かて》を得、心の安定を保つため、日雇いという働き方を選んできたに過ぎない。しかし、その基盤があまりにも脆弱であるため、病気や怪我、不況などちょっとした出来事にも影響を受けやすく、瞬く間にホームレス状態にまで追い込まれてしまう現実がある。それならばいっそのことホームレスに——と思ったとしても、女性がホームレスとして存在すること自体難しく、最もヴァルネラブル（傷つきやすく、攻撃されやすい存在）として複合的な差別の餌食《えじき》となってしまうことをけいさんの体験は物語っている。

増える路上に投げ出される女性たち

　リーマンショックに襲われた２００８年末、家を失った人々のため、東京・日比谷公園で「年越し派遣村」が開かれた。製造業派遣として働いていたが派遣切りに遭って寮を追い出された人々などが多数訪れたが、女性は数人しかいなかった。

　それから十数年後の２０２０年末、コロナにより困窮した人々のための「コロナ被害相談村」が派遣村に関わったメンバーらによって、新宿区立大久保公園で行われた。4日間で344件の相談が寄せられ、うち62件（約18％）が女性からのものだったという。

主催者がまとめた統計によれば、相談に訪れた女性のうち約4割が「住まいがない状態」であると回答。知人宅やネットカフェ、東京都が一時的に用意したホテル、路上などで過ごしていることが明らかになった。「所持金1000円未満」が2割、「月収なし」が4割で、月10万円を超える収入がある人は一人もいなかった。役所に相談したがひどい対応をされた経験があるという人も目立った。家賃滞納や料金未納で電話が繋がらないなど、経済的に切羽詰まっている人が多く、リーマンショック時に比べ、住まいがない、あるいはそのリスクを抱える女性が確実に増えているということができるだろう。

3月13、14日には、同じく大久保公園に女性有志が集まり、「女性による女性のための相談会」を開催。テントを張り、プライバシーを確保した会場には2日間で延べ125人が訪れた。労働、生活、法律、DV、外国語対応などブースを分け、女性相談員によるきめ細かい対応が行われたほか、お米や野菜などの食糧、衣料品、生理用品も配布された。

女性に困難が集中しているのは、コロナ禍が女性非正規労働者、とりわけ彼女たちが多く働く飲食、宿泊、サービス業を直撃したことによる影響が大きい。その中には接客をともな

３月13、14日には、同じく大久保公園に女性有志が集まり、「女性による女性のための相談会」が開催された

う飲食業や風俗業も含まれるが、緊急事態宣言が解除された6月以降、そうした店が多い歓楽街が「夜の街」と名指しされ、ウイルス発生源のように扱う報道が相次ぎ、休業、廃業に追い込まれる店舗が後をたたなかった。

長年、労働相談に応じてきた神奈川労連の澤田幸子さんは次のように話す。

「リーマンショック時には製造業が集中的なダメージを受けましたが、工場などを派遣切りされた男性たちは当時求人が比較的多かった建設や警備などの仕事に流れていきました。一方、飲食業やサービス業は待遇がいいとは言えないけれど、求人も多くて仕事も得やすく、女性や失です」

性風俗も同様である。コロナ禍で最初に被害を被ったのは、性風俗で働く女性たちだった。風俗業や接客をともなう飲食業では寮付きや託児所付きなども多く、一部の女性たちにとって〝最後のセーフティネット〟となっている部分がある。福祉ではなく、性風俗産業が現実的なセーフティネットとして機能していることを、〝福祉の敗北〟と嘆く人がいる。コロナ禍を機に「女性を搾取する性風俗は廃業すべきである」という意見も出てきているが、もう少し慎重に議論すべきであると私は考えている。

いずれにせよ、コロナ禍で〝夜の街〟が甚大なダメージを受けたことにより、これまで隠されてきた、貧困や路上生活と隣り合わせの女性たちの存在が明らかになった。

実際、家を失った女性たちが受けられる支援としてどのようなものがあるのか？　まずは生活保護を受給することが考えられるが、これを拒絶する人が非常に多い。特にコロナ禍では、少し前まで豊かな暮らしをしていた人が仕事を失い、一気に転落して「生活保護しかない」と言われた現実に絶望してしまう場合があるという。日本国憲法に保障された権利であるにもかかわらず、「生活保護を受けることは恥」と考える人が未だに多い。また生活保護を受けるために、財産を処分しなければならなかったり、家族や親族に対して、扶養照会（生活保護の申請者を扶養できるかどうかの問い合わせ）が行われることも大きなハードルとなっている。

また女性ホームレスの場合は、婦人保護施設の一時保護所等に入るという方法もあるが、そこでの待遇については前述した通りであり、仕事や従来の生活ができなくなるというデメリットもある。さらに自治体や施設の定員状況にもよるが、ＤＶ被害者をメインで受け入れるため、経済的に困窮したというだけでは受け入れてもらえない場合もあるという。

こうした運用からも、女性が家を失う、ホームレス状態になる要因を夫からの暴力のみだと決めつけ、経済的困窮がまったく想定されていない状況は、現実に合っているとは思えない。一時的にホームレス状態を経験したけいさんのケースを引くまでもなく、女性がホームレスとして存在すること自体、困難である以上、理由のいかんを問わず、駆け込んで一夜を過ごすことができる、安心・安全な居場所を国が用意する必要があると考えている。今こそ、困窮する女性たちに手を差し伸べ、必要な手立てを早急に講じるべきであろう。

Ⅲ　妻でも母でもない女性の居場所はどこに

最後の砦、民間シェルター

東京・国立でＤＶ被害者のためのシェルターや居場所づくりを行っているＮＰＯ法人「くにたち夢ファームＪｉｋｋａ（以下Ｊｉｋｋａ）」には、２０２０年４月以降、全国からの相談が引きも切らない状態だ。むしろ緊急事態宣言が解除された20年夏以降のほうが相談は増えている。

「これまでギリギリ耐えてきた人が、究極のところに追い詰められ、決断を迫られていると感じています。コロナ前は多くても月20件ほどだった新規の相談が、20年の10月以降、１００件以上に膨れ上がっている。緊急事態宣言が出ていた状態から少し落ち着きを取り戻した時期で『今何とかしなければ』と動き始めた人が多かったということかもしれません」と話すのはＪｉｋｋａの遠藤良子《よしこ》さん。10室ある緊急シェルターは常に満室で、空いては埋まるという状態を繰り返している。

NPO法人くにたち夢ファームJikka（東京都国立市）

「相談電話は全国からかかってきます。いつもなら『うちにいらっしゃい』と気軽に言えるけれど、コロナで移動も難しいので、地域の相談窓口に連絡するよう伝えます。驚かされるのは女性たちの多くは以前、役所などに相談した経験があることなんです。でもうまく話が通じなくて対応してもらえなかったり、傷つくようなことを言われたことがトラウマになっている人もいる。だからできるだけ詳細にやり方を説明し、あきらめずに交渉するようにとアドバイスします」

特に最近増えているのが、未婚女性や未成年者からの相談だ。家族から暴言を吐かれる、精神的に追い詰められるなど、もともと家族関係が良くなかったところに外出自粛で顔を合わせる機会が増えたことにより、関係が悪化。しかし実家暮らしの場合、金銭的余裕はなく、家を出ることは困難で、耐えるしかない状況である場合が少なくない。

　ある自治体職員によれば、国民一律で特別定額給付金が支給されることが決まった際、「どうしたら私個人で受け取れるか？」という問い合わせが多く寄せられたという。役所に届け出れば、ＤＶを理由に夫と別居している妻に支給されるというニュースが報じられていたところだった。職員が詳しく話を聞いてみると家族からＤＶを受けている実態が浮かび上がり、そこから支援に繋がったケースが複数あった。未成年者や無職の女性にとって10万円という金額は決して小さいものではなく、「そのお金で家から出よう」と考えたとしても不思議ではないだろう。

　しかしその先が複雑で、18歳未満ならば児童相談所が受け皿になるが、18歳を超えた女性でＤＶ被害が認められない人や生活に困窮している人、居所がない人の場合、受け皿を見つけることが容易ではない。同じ役所でもどこで相談したのかによって対応は異なり、生活困窮者支援の窓口の場合、生活保護を案内されることもあれば、無料低額宿泊所への入所を勧められることもある。しかし一部の無料低額宿泊所は相部屋で劣悪な住環境であることが指摘されている。また婦人相談所の一時保護所等はＤＶ被害女性が優先のため、受け入れを限定している自治体も少なくない。そうした制度のはざまでどこにも行き場がない女性たちにとって、Ｊｉｋｋａのような民間シェルターは最後の砦《とりで》となっているのだ。

場を開くということ

２０１７年に事業をスタートしたＪｉｋｋａでは、相談の受け付けやシェルター等の運営に加え、女性がいつでも訪れることができる居場所づくりに積極的に取り組んでいる。ほぼ毎日、事務所を開き、誰もが自由に過ごせる空間をつくっている。コロナ禍の現在はともに食卓を囲むことはできないが、それでも２０２０年５月の緊急事態宣言下でも、欠かさず事務所を開け、訪れた人がいつでも食べられるよう、温かい食事を用意した。

シェルターがある場所はもちろん公表されていないが、それでもＤＶ支援を行うＮＰＯの中で、事務所をオープンにし「いつでもどうぞ」と受け入れるのは非常に稀《まれ》なケースだろう。そこには婦人相談員として長年、困難を抱える女性たちに関わってきたＪｉｋｋａの遠藤さんらの思いがある。

２００１年のＤＶ防止法成立後、緊急時に避難できるシェルターは増えたものの、長期的な視点で女性たちを支援する仕組みは整っていない。女性たちは婦人相談所の一時保護所等に２週間ほど滞在した後、婦人保護施設や母子生活支援施設等に入り、自立を目指す人もいる。ＤＶ被害者の場合、精神的ダメージから立ち直るのに時間がかかる人も多いのだが、こうした施設も滞在できる期限は最大２年と定められている。また前述してきたように施設に入るためには仕事、生活などを変えなければならない上、さまざまな制約があるため、一人立ちするには困難であっても利用しない人も少なくない。

「夫から逃れたいという一心で住み慣れた土地から遠く離れた場所へ転居する人もいます。でも子どもを抱え、見知らぬ土地で生活することは容易なことではなく、相談できる人もおらず孤立してしまい、最終的に夫の元に戻ってしまうという人もいるのです」

そんなやるせないケースを見てきた遠藤さんらが考えたのが、これまでの「隠れ住む」という発想を根底からくつがえす、「地域に開く」という取り組みだった。ＤＶ被害者の場合、身元を隠す必要があるため、不動産の賃貸契約を結ぶことは容易ではない。他にも保証人がいない、所得証明書がないなど、さまざまなハードルが立ちはだかる。そこで地域の不動産会社や行政の協力を得ながら、アパートや一軒家を借り上げ、自立を目指すためのケア付ステップハウスとして女性たちに提供している。

「もちろんＤＶ被害者の安全が最優先ですが、彼女たちも社会に出て、自分の足で歩いていかなければならない日が来ます。ＤＶから逃れてきた女性がシェルターを経て、Ｊｉｋｋａ

周辺でアパートを借りれば、長期的な見守りをしていくことも可能になります。地域の人たちとの繋がりもできるので、少しでも孤立を防げるのではないでしょうか。場を開いて3年。かつて当事者として相談に来た人が、Ｊｉｋｋａを支える側として関わってくれるようになってきています」

自分で考え、自分で選ぶことが力になる

　現在も時折Ｊｉｋｋａを訪れるあきこさん（39歳）も第二子妊娠中にＪｉｋｋａを頼った一人だ。

「3年前に、まだ1歳に満たない息子を抱えて家を出ました。夫が一切お金を渡してくれなくて、私も身重《みおも》で働くことができない。長男のおむつを買うお金にも事欠く状態で、このままだとお腹の子どもも私も死んでしまうと追い詰められた末に飛び出しました」

　行政を通じて婦人相談所の一時保護所に入ったが、退所期限が迫っても行き先が決まらなかった。

「乳幼児連れの妊婦ということで、婦人相談所では受け入れられないと言われたんです。事情があり、実家に頼ることもできず、途方に暮れていた時に紹介されたのがＪｉｋｋａでし

シェルターで手渡されるささやかなウェルカムグッズ。「あなたの新たな人生を応援します」のカードも

た」

それから数カ月後、Ｊｉｋｋａのステップハウスで暮らしながら、臨月を迎えたあきこさん。出産に際して息子を乳児院に預けることになった。

「身勝手と言われるかもしれませんが、私は息子を乳児院に預けることはしたくなかった。その思いを遠藤さんたちに伝えたところ、何ができるかわからないけれど、最善の方法を考えようと言ってくれたんです」

結局、彼女の入院中は東京都のヘルパー派遣やファミリーサポート事業をフル活用し、Ｊｉｋｋａのスタッフやボランティアなどが交代で子どもの面倒を見ることになった。本来ヘルパーは夜10時までの派遣なのだが、24時間体制にしてもらうなど、あきこさん自身が行政に掛け合ったのだという。

「そこまでしてまで……という声があるかもしれません。でも息子を抱えて家を出て途方に暮れていた私が意思を伝え、それを貫けたことは大きな自信になりました。遠藤さんたちが背中を押してくれたことも大きかった。一人だったら途中で心が折れていました」

支援を受ける側は遠慮や申し訳なさ、自分が悪いという気持ちなどが先に立ち、本当の希望や思いを伝えられないこともあるのではないか。しかし自分で考え、自分で選ぶということが前に進む力になることをあきこさんの経験は物語っている。

Ｊｉｋｋａの遠藤さんは当時を振り返って次のように話す。

「何も特別なことをしたつもりはありません。大切なのは当事者の意思を尊重すること。彼女が『息子を預けたくない』という意思を示してくれた。応えられるかどうかわからないけれど、できる限りのことはやってみる。家族や友だちのためならきっとそうするでしょう。すべてが整ってからといっていたら、永遠にできないですよ（笑）」

あきこさんはその後、Ｊｉｋｋａのステップハウスを経て、１年ほど前からＪｉｋｋａからほど近い賃貸住宅での生活を始めている。障害者施設で介護の仕事と訪問介護ヘルパーの仕事を数日ずつやりながら生活している。

「実は私、高校生なんです（笑）。今春卒業します」と茶目っ気たっぷりにあきこさんは笑う。就職や資格取得を考えた際、高卒の学歴は必須と考えたあきこさんは遠藤さんらの協力のもと通信制の高校に通い始めた。今でも週に数日Ｊｉｋｋａのオープンスペースでボランティアから勉強を教わっている。あきこさんの要望から始まった学習支援の取り組みは今では多くの人が利用するものになっている。

「いつか看護師の資格を取りたいという希望があります。介護の仕事をする中で性格的に向いているのではないかと思うようになりました。Ｊｉｋｋａに繋がったことは私にとって運命の分かれ道。ここに来ていなかったら、心も体も健康ではいられなかったに違いありません」

あったかいご飯とお味噌汁だけはいつも用意しています

Ｊｉｋｋａでここ数年増えているのが、行き場を失ったシングル女性からの相談だ。特にコロナ禍では30代・40代の実家暮らしのシングル女性からのＳＯＳが急増している。同居家族からの暴言や精神的虐待が頻繁にあり、役所等に相談してみるものの、とりあえず実家に暮らしていて家があることから支援の対象になりにくいのだという。

10代、20代の若年女性に関しては、前節で紹介したＢＯＮＤプロジェクトや一般社団法人

Ｃｏｌａｂｏといった組織の活発な活動もあり、問題が周知され、支援の輪が広がっている感がある。一方30代、40代の就職氷河期世代のシングル女性の中には、無職や非正規の人が多いにもかかわらず、その存在に光が当たることがほとんどない。さらにその上の50代、60代など再就職が容易ではない世代についても同様である。仕事がないため自由に使えるお金がなかったり、ひきこもりがちで、長年社会との接点がなく孤立している人もいる。

「特に40代を過ぎると『７０４０問題』といわれるように、親が年金暮らしになったり、介護が必要になるなど深刻さを増していきます。将来への不安を背景にコロナ禍で家族間でぶつかる機会が増え、追い詰められているのではないでしょうか」

　実家を離れようと思っても先立つものはなく、婦人相談所などの施設はＤＶ被害女性が優先で母子生活支援施設も子どもがいなければ入所できない。精神障害や知的障害があると入れないところも多く、シングル女性が利用できる施設は驚くほど少ない

Jikkaでは夏・冬・春休みなど給食がない期間、子どもたちに無料で朝食を提供する活動も行っている

のが現状だ。

「女性の生き方が多様化している時代にもかかわらず、未だに妻／嫁／母でない女性が利用できる支援がほとんどない。それが彼女たちをより困難な状況に追いやっていると感じます」と遠藤さんは話す。

またＪｉｋｋａを通してステップハウスに入居した人やアパートに暮らし始めた人の中にもコロナ禍によりメンタル面が悪化したり、過去に受けたトラウマがよみがえり苦しくなったという人がおり、継続的な支援の重要性を痛感しているという。

「例年に比べても居場所スペースにやってくる人が増えています。Ｊｉｋｋａを通して家族から逃れ、一人暮らしをしている女性も多いのですが、外出自粛の影響でどこにも出られず、一人ぼっちでアパートにとどまるしかない。誰かと話すだけで気持ちが晴れることもあるので、お店が全部閉まっていた時期も開ける決断をしたんです」

２０２０年の夏はコロナ禍に加え、猛暑が日本を襲い、外出できず肉体的にも精神的にも参ってしまったという相談が多く寄せられた。

「8月初めだったでしょうか。Ｊｉｋｋａを通して生活保護に繋がった40代のシングル女性から冷房が効かないから家にいられないという訴えがありました。生保の担当ケースワーカーに話したけれど埒《らち》が明かないと。それで部屋を訪ねてみると古いアパートなので効きは悪いけれど、冷たい風もちゃんと出ているんですね。よくよく話を聞いてみるとコロナ禍で一人アパートに閉じこもっている状況が不安で仕方ないという思いが出てきました。いろいろ話して、とりあえず日中はＪｉｋｋａの居場所スペースに来ることになり、転宅（引っ越し）はすぐにはできないけれど、少しでも節約して転宅費用を貯めるということになりました」

Jikkaの遠藤良子さん

　どのような訴えでもまずはその人の思いを聞くことが大切だと遠藤さんは言う。精神状態が良くないとほんの小さなことが気になってしまうもの。正論で返すのではなく、その人の話にとことん付き合うことで、その訴えの本質を見極めていく。たとえ思い通りにいかなかったとしても、寄り添う姿勢があれば大抵の問題は解決するのだという。

　勇気を持って一歩踏み出し、適切な支援者に繋がることができるならば、コロナ禍は夫の暴力や不条理に一生耐えなければならなかった人が、新しい人生を踏み出す機会になるかもしれない。仕事と収入が不安定で、ネットカフェでその日暮らしをせざるを得なかった人が生活を立て直すことができるようになるかもしれない。

「楽観的と言われるかもしれないけれど、それくらい思わないとやっていられないですよ（笑）。人生をどうするのか、決められるのはその人だけなんです。私たちにできるのは選択肢を示し、そっと肩に手をかけてあげることだけ。今が踏ん張り時なんです。大したことはできないけれど、あったかいご飯とお味噌汁だけはいつでも用意しているので、いつでも訪ねてきてください」

抜本的な法改革の必要性

ＤＶ、虐待、生活困窮など、さまざまな要因でステイホームできない状況に追い込まれる女性たちを支援するＮＰＯの活動について見てきた。コロナ禍の影響は女性において甚大であるという認識は広く共有されており、政府もＤＶ相談窓口を増やすなどの対応を行っている。それでもなお、支援の網の目からこぼれてしまう女性たちが多いのはなぜなのか？　国による支援はどうして行き届かないのか？

取材を通じて、行政の受け皿は年齢や家を出た理由などで異なっており、相談を受けた窓口によっても対応が異なるなどの問題があることもわかってきた。また宿泊の必要がある女性の受け皿となっている婦人相談所の一時保護所等も、実際のニーズに合っていないことが浮き彫りになった。なぜこのような状況になっているのか？　それを知るためには婦人保護事業の成り立ちにまでさかのぼる必要がある。

婦人保護事業は、各都道府県に設置義務がある婦人相談所とそれに併設された一時保護所、長期的に滞在できる婦人保護施設等からなる。

婦人保護事業の根拠となっているのは、戦後、貧困のために売春する女性が増えたことにより、1956年に制定された売春防止法だ。この法律では「売る側」ばかりが罰せられ、「買う側」が処罰の対象にならないなど、問題とされる点は多いのだが、その目的は「売春を行うおそれのある女子に対する補導処分及び保護更生の措置を講ずること」であった。さらに同法第4章では、婦人相談所等は「売春を行うおそれのある女子（＝要保護女子）の保護更生」のために設置されるものであるとしている。しかし婦人保護事業が開始された当初から「売春の恐れがある女性」が相談に訪れるケースは少なく、家庭内暴力、生活困窮、障害などを理由に居場所を失った女性たちが利用するほうが圧倒的に多かった。だが、その運用が見直されることはなかった。

　そんな婦人保護事業に過渡期が訪れる。２００１年、「配偶者からの暴力の防止及び被害者の保護等に関する法律」（ＤＶ防止法）が成立。「要保護女子」のために利用されてきた婦人保護事業を転用する形で婦人相談所の一時保護所や婦人保護施設がＤＶ被害者によって利用されるようになったのだ。次第に婦人保護事業はＤＶ被害者優先となり、ＤＶ以外の問題を抱えた女性たちが支援にたどり着きにくいといった問題が生じるようになった。

　ＤＶ防止法の範疇《はんちゅう》に収まらない女性たち、たとえば生活に困窮し家を失った未婚女性などは、昭和から平成、令和になった現在でも、売春防止法に基づき、「放置しておくと売春の恐れがある要保護女子」を拡大解釈する形でしか、婦人保護事業を利用することはできない。あまりに女性蔑視的であり、時代錯誤も甚《はなは》だしいのだが、婦人保護事業が始まって60年以上経った現在も手がつけられることなく放置されてきたことに批判が集まっていた。

　女性からのニーズも多様化しており、２０１６年に厚生労働省が行った「婦人保護事業支援実態調査」では婦人保護施設への入所理由として「夫等からの暴力」は4割程度にとどまり、「子、親、親族、交際相手からの暴力」が16％、「住居喪失や経済問題」をあげた人が33％など、利用者の多様化がうかがえる。

こうした状況を受け、厚生労働省は「困難な問題を抱える女性への支援のあり方に関する検討会」を発足させ、２０１９年10月に「中間まとめ」を発表した。ここでは、対象女性を「要保護女子」としてではなく、人権擁護や男女平等の観点から「様々な困難な問題に直面している女性」とすることや、「保護更生」の根拠となっている売春防止法第４章の廃止、また保護だけでなく、その後自立するための支援を行うこと、困難を抱える女性を包括的に支える「女性自立支援法」を新たに制定する必要性などについても言及されている。

コロナ禍で困難に直面する女性は複合的な問題を抱えている人が少なくないが、その問題の一部は女性であることによる不利益や差別によって引き起こされていることも忘れてはならない。

60年以上変わることなく存在してきた売春防止法の「保護更生」という発想一つとっても、女性に対する差別が未だ社会に深く根ざしていることをうかがわせゾッとさせられる。私が出会った女性たちはそれでも「逃げ出す」という選択をし、支援に繋がった人たちである。実際は経済的理由等で逃げ出せない女性たちのほうが圧倒的多数だろう。女性が夫や親を頼ることなく、たとえ経済的に自立していなくても家を出て安全な場所で暮らすための権利を保障すること。個別的な問題解決に加え、法制度を含め社会の根幹を変えていく必要がある。

第3章

エッセンシャルワーカーの苦境

Ⅰ 「感謝」では救われない医療現場

医療従事者への差別

コロナウイルス感染拡大により、医療、介護の現場が逼迫《ひっぱく》していることが連日報じられている。コロナウイルス第1波が世界を襲い、人々がステイホームを強いられる中、最前線で働く医師や看護師たちに感謝の気持ちを伝えようという動きが世界中で広がった。

パンデミックに襲われた国々でアパートのベランダから市民が鍋を叩き、オペラ歌手やダンサーが歌い、踊り……それを動画サイトに投稿して感謝を表する姿は多くの人々の心を打った。日本でも「#医療従事者に感謝を」「#医療従事者にエールを」というハッシュタグが作られ、コロナ患者を受け入れてきた病院の上空をブルーインパルスが飛行して話題となったりした。

方法はどうあれ、医療従事者への感謝、それを示すためにも行動を自粛し、皆でコロナ感染を抑え込もうというメッセージはわかりやすく、ポジティブなものとして受け止められた。

しかしコロナ第2波、第3波と続く中、こうした機運は長続きしなかったように思われる。

さらにねぎらいや感謝とは裏腹に、医療従事者へのいわれなき差別も横行していた。コロナという未知なるものへの恐怖ゆえなのか、看護師の子どもが保育園で他の子どもとは別室で保育を受けさせられた、近所に嫌がられるので病院に勤めていることを隠しているといった声が数多く聞かれた。

コロナに罹ったシングルマザー看護師

「39度の熱が続いた時はさすがに死が頭をよぎりました。私がいなくなったら娘はどうなってしまうのだろう。たった一人の病室で考えていた時が一番つらかったです」

看護師でシングルマザーの佐和子さん（35歳）は、２０２０年12月、勤め先の病院でコロナに感染した。実は佐和子さんは、その年の3月に看護専門学校を卒業したばかりの新人看護師。介護の仕事を続けながら4年かけて資格を取得した矢先のコロナ禍だったが、休職や退職は一切考えなかった。

「娘と二人なので仕事をしなければ生活が立ち行かなくなるというのはもちろんあります。でもコロナの恐怖は患者さんも皆同じ。私も一緒に戦いたいという思いを強く持っていました」

一方で「もしも自分がコロナに罹ってしまったら」ということも常に頭から離れなかった。しかし考えても仕方がないし、答えが出ることでもない。また佐和子さんの勤務先ではコロナウイルスの感染患者を受け入れていなかったこともあり、「まさか自分が」という思いも強かったという。ところがコロナ第3波で感染が急拡大していた12月初め、病院を訪れた外来患者がコロナに感染していたことから医療スタッフ、入院患者へとまたたく間に広がり、院内クラスターが発生したのだった。

「14歳になる娘とは家の中でもできるだけ離れて生活するように気をつけていましたが、私が隔離されなければならなくなった時は娘をどこに預ければいいのか、途方に暮れてしまいました」

一時的に預かる施設があると紹介されたものの、施設は遠方で、そこに滞在している間は学校に通うこともできなくなるという。

「誰も知らないところに娘一人行かせるなど考えられなかったので、近隣に住む姉に頼むことにしました。姉家族は快く受け入れてくれましたが、姉には持病があるので、不安がなかったわけではありません。一時的に家に戻った私は、娘を濃厚接触者にするわけにはいかなかったので、壁越しに話しかけながら荷物をまとめさせ、姉の家に行ってもらったのです」

佐和子さんはその後ＰＣＲ陽性となり、発熱や咳《せき》があったため、入院した。それ以上悪化することはなかったが、高熱が続き寝たきりだった時は本当につらかったという。

「娘と顔を合わせることもできず別れてきたことが思い出され、『あれが最後だったら』と考えて涙が溢れてきました」

退院後、娘さんからの第一声は「もう本当に大丈夫なの？」という、いかにも思春期らしい一言だけだったというが、その後ろにどれだけの思いがあったのか想像するに余りある。

「担任の先生にはお伝えしていましたが、娘も友だちに言わないなど、かなり気を使っていたようで苦労がたくさんあったでしょう。うちの子は中学生なので何とかなりましたが、幼い子どもを抱えた親はもっとつらいと思います」

佐和子さんは21歳で離婚して以来、一人で娘を育ててきた。養育費はなく、コンビニやスーパーの店員、保育士の助手として必死に働いたが、手取りで10万円にも届かない。その後、ヘルパー２級の資格を持っていたことから認知症のグループホームで働くことにした佐和子さんは人をケアする仕事にやりがいを感じ、同じ現場で働く看護師の仕事を意識するようになる。

「お年寄りが痛みを訴えられても介護士では何もできないけれど、看護師ならそれに対処し、一時的にでも苦しみを取り除いてあげられるかもしれない。看護師になりたいという思いは日増しに強くなっていきました」

ひとり親支援として看護などの資格を取得する際にかかる教育訓練費の一部を給付する制度があることを知った佐和子さんはこれを利用。１年間の受験勉強を経て看護専門学校に入学した。しかし学費の一部は給付金で賄えたものの、生活費は学校が終わった後の夜間や長期休暇に訪問介護の仕事をしながら工面するしかなかった。

それでも４年間、必死に学び、見事に看護師資格を得た——その矢先のコロナ禍だったのだ。退院から２日後、佐和子さんは病棟での勤務に戻っていた。

「私は入院していたので、一番忙しい時のことはわかりませんが、皆、年末年始もなく働いています。今は患者さんの受け入れを止めているので、何とかなっていますがこの先も大変な状態は続いていくでしょう」

死ぬほどの恐怖を体験したはずなのに、佐和子さんはなぜ現場に戻るのか？

「怖くないといったら嘘になりますが、それは誰でも同じこと。病棟で看護を続けていると、ほとんどお話しにならなかった患者さんがふと本音を漏らしてくださることがあります。そんな時に患者さんの心に少しでも触れられたような気がして嬉しいんです。だからこの先も仕事は辞めないと思います」

増大するストレスとメンタル疾患

佐和子さんの献身的な働きぶりを知るにつれ、コロナウイルス感染拡大下での厳しい医療現場において、看護師や医療従事者の責任感と使命感によって、患者の命が繋ぎ止められているのだということを痛感する。男性看護師が少しずつ増えてきたものの、看護師や医療従事者に占める女性の割合は今も非常に高い。女性が経済的に自立できる数少ない仕事であることから、佐和子さんのように看護師を目指すシングルマザーもいる。コロナ禍という想定外の事態だったとはいえ、身につけた能力を発揮できる環境がなければ、仕事を続けることは困難になってしまう。

２０２０年７月初め、コロナ患者を最前線で受け入れてきた東京女子医大病院に勤める看護師約４００人が退職の意思を表明したというニュースが飛び込んできた。経営悪化によるボーナス不支給を決めた経営陣に抗議するためだという。

国を挙げて〝医療従事者に感謝を〟してきたにもかかわらず、例年支払われてきた賃金すら保証されないという事態に一体何が起こっているのか理解できなかった。実はこれは東京女子医大に限ったことではない。医療現場で働く人々が加盟する日本医療労働組合連合会（日本医労連）による調査では、コロナによる経営悪化を理由に冬のボーナスをカットした病院が４割を超えている。また、全国の病院の約６割、コロナ患者を受け入れた病院の約８割までが赤字に転落しているという。

経営悪化の主な理由は感染リスクを恐れ、病院に行くことを控えた外来患者数の減少である。またコロナ患者を受け入れた病院では、コロナ病棟で働く人員を確保するため、他病棟を閉鎖したこと、受け入れ患者数を減らしたこと、設備費や工事費が増加したことによる影響が大きかった。

東京女子医大病院はボーナス不支給こそ免れたが、かつてない厳しい日々を送る職員とそれに見合う対価を支払おうとしない経営陣との間の亀裂が深まったことは言うまでもない。

その東京女子医大病院でコロナ患者のためのＩＣＵ（集中治療室）で働く看護師たちの様子を５カ月にわたって追ったＮＨＫスペシャル『看護師たちの限界線』が２０２１年４月に放送された。常に人手が足らずギリギリの状態のＩＣＵで10キロ近くになる防護服・マスクを着けて懸命に働く看護師たち。しかし思うように動けず、患者に寄り添うことができないつらさ――急激に重症化し、亡くなる患者を目の当たりにする苦しみ――家族や友だちに会えず、ビジネスホテルと病院を往復するだけの毎日――こうした状況に心身ともに疲弊し、休職や退職に追い込まれる看護師の様子が映し出されていた。定年退職した60代後半の元看護師や妊娠８カ月の看護師など、感染リスクがある人たちまでもが、人手不足を補うため、何よりも患者を、仲間を助けたいという使命感から現場に戻る姿も描かれていた。最前線で戦う兵士が次々に倒れ、新たに戦場に駆り出された人がまた傷つき、戦線離脱を余儀なくされ、さらに人手が足らなくなる。この悪循環を断ち切らなければならない。

　医労連はコロナ禍が始まってから複数回、アンケート調査を実施している。そこからはこの間、医療機関が遭遇した数々の課題が見えてくる。２０２１年3月の調査で顕著だったのは、メンタル面の不調を来す医療従事者が増えてきていることだ。職場で緊張を強いられ、自宅に戻っても家族への感染の不安から緊張状態は続く。特に新人は研修の場が減った上、ストレス発散ができず、不調に陥りやすい。休日も外出自粛などの規制があり、不調があっても、それを相談する機会が乏しく、孤立しがちであることがうかがえた。感染対策のため、コミュニケーションの機会が極度に減っていることがメンタルに及ぼす影響が大きいことがわかる。

加えて医療従事者であることによる差別を受けたと回答した人は３割近くに及んでおり、２０２０年４月の調査より増えている。「保育園の入園を拒否された」「子どものイベントへの参加を遠慮するよう言われた」「美容院の予約をキャンセルされた」「家で家族から避けられるのがつらい」など、仕事以外の場でも多大なストレスがかかっていることがわかる。

日雇い派遣看護師の是非

コロナ第２波、第３波と感染が拡大するたびに医療現場の逼迫が報じられてきた。いつの間にか「医療従事者に感謝を」と唱えていた人々の口から「経済をまわせないのは、病院がコロナ患者を受け入れないからだ」という言葉が出てくるようになっていた。確かにコロナ患者を診ている病院は少なく、入院患者を受け入れているのは２割程度に過ぎない（２０２０年10月厚労省統計）。政府はコロナ病床を増やすため、さまざまな手を打っているが、設備や人員の問題もあり、一朝一夕にどうにかなるものではなく、これまで積み重ねてきた医療政策の結果であるともいえる。

十数年にわたる診療報酬の引き下げ、保健所の統廃合、人手不足による病床数の削減などにより、地域医療体制はコロナ以前から困難を抱えていた。そのしわ寄せを受けるのは、看護師はじめ、現場で働く人々である。

そして２０２１年４月、看護師の日雇い派遣が解禁されることになった。介護施設では看護師確保が困難な状態であること、職を離れている「潜在看護師」を活用することなどが理由として挙げられている。日雇い派遣が認められるのはすでに看護師派遣が認められている老人介護施設等で、一部施設に限定的ではあるものの、病院等へも拡大していく可能性もある。

日雇い解禁を危惧する声も多い。医療は医師、看護師、薬剤師などさまざまな職種が連携し、チームで患者のケアを行うものである。その要である看護師が日雇いになれば、連携が崩れ、サービスの低下はもとより、患者の命を危険に晒《さら》すことさえあり得るというのだ。

看護師不足が続きながら、職場復帰しない潜在看護師が多いことの背景には厳しい労働環境があるだろう。日雇い解禁の対象となる介護施設で働く看護師が少ない理由の一つには介護現場における賃金の低さがある。今現場で働く看護師の労働条件を省みることなく、仕事を細切れにして派遣で穴を埋めるというやり方は果たして正しいのか？

経済効率性を追い求めてきた代償が、コロナ禍における医療崩壊であるのならば、医療従事者への一時的な感謝を口にし、その場しのぎの政策に終始するのではなく、日本の医療の置かれた現実を理解し、根本的な対策を講じるべきであるだろう。

Ⅱ　崩壊へと加速する介護現場

感染に怯える介護士たち

介護の現場もまた逼迫していた。

コロナは人と濃厚接触すると罹患《りかん》するため、身体介護など、利用者との濃厚接触を避けられない介護士は感染リスクが高い職種の一つである。特にコロナウイルスは高齢者が発症すると重症化するリスクが高いため、介護士は自分が感染源になってしまうのではないかという恐怖と常に隣り合わせだ。

２０２０年10月、広島県三次《みよし》市で一人暮らしをする82歳の女性が自宅を訪問した介護ヘルパーからコロナに感染して死亡した。遺族は訪問介護事業所が安全配慮義務を怠ったせいだとして、事業所の運営会社に４４００万円の損害賠償を求めた。女性がコロナに感染して亡くなったのは２０２０年４月初め。介護ヘルパーは３月末に発熱や味覚・嗅覚障害があったというが、コロナ感染に関する情報が十分ではなかったこの時期、やむを得ないところもあったたろう。結局、審理開始前に和解が成立し、遺族側が訴えを取り下げたため、それ以上争われることはなかったのだが、感染の不安に怯えながら働くヘルパーの人たちに大きな衝撃を与えた事件だった。

その後も感染者が増えるたびに老人介護施設ではクラスターが発生。施設等では家族を含む外部からの面会禁止の措置が取られるようになった。食事は個室が基本。レクリエーションなどもなくなり、同じ施設に暮らす高齢者と接する機会はほとんどなくなってしまったという。訪問介護でも、接触を避けるため、たとえばこれまで利用者のキッチンで作っていた温かい食事が玄関先に置かれる弁当に替えられるなど、介護の現場はこの1年で様変わりした。

人手不足が続き、38時間寝ていない

藤原るかさん（65歳）は訪問介護の現場で長年働いてきたベテランだ。コロナ第1波から現在まで、人手不足が続く過酷な状況の中、複数の現場を掛け持ちしている。

この1年の間に経験したことは、介護士歴30年以上の藤原さんにとっても初めてのものだった。

「コロナ第1波のころが一番しんどかったです。マスクやグローブなど必要最低限のものが底を突きかけている。人手も足らず、夜勤明けにそのまま数件の訪問介護をこなし、眠るためだけに家に帰るような生活。気がつけば38時間寝ていないということも頻繁にありました。夜勤は慣れているほうですが、それでもここまでの連続勤務は経験がありません」

コロナ禍以前から介護現場は慢性的な人手不足が続いていた。特に訪問介護ヘルパーの平均年齢は60歳近く、リスクを考え、職場を去る人も少なくなかったという。学校休校で子どもの世話があって働けない人や、帰国したまま戻ってこられない外国人ヘルパーもいた。

マスク不足が深刻だったこの時期、訪問介護の現場では防護服やゴーグルはおろか、マスク、消毒液、手袋すら底を突きそうな状況だった。食事介助や排泄介助など、作業ごとに交換が必要な手袋がなくなったら介護ができなくなる。

しかしこうした状況の中、厚生労働省は、利用者に発熱などの症状がある場合でも、感染対策を徹底した上でサービスを続けるようにと通達した。しかし、一人の高齢者の自宅に複数の事業所からヘルパーが派遣されているケースも多く、その中の一人がコロナに感染すれば、クラスター化する恐れがある。濃厚接触者となった他のヘルパーも全員休業せざるを得なくなり、人手不足に拍車がかかり、介護崩壊が広がっていく。

「マスク、手袋すら品薄の中、どうやって立ち向かえばいいのか。『竹槍で敵陣に突っ込め』というのと同じだと憤りを感じました。身体介護では濃厚接触が避けられないのですが、いつもなら正面に立って体を支えるところを後ろにまわってみたり……自分がウイルスの媒介者になっていないか、神経をすり減らしています」

現場では状況を理解できない認知症の人や不安を募らせる人なども多く、対応に苦慮する場面も少なくない。

「マスクで表情が見えづらいことも相手を不安にしていると感じます。目ヂカラを駆使して頑張っているのですが（笑）、なかなか難しい。少しでも安心してもらおうと離れた位置に立ってマスクをはずしてニッコリ笑ってみたり、近くで話ができないので遊びで糸電話を作ってお話ししたりしています」

介護保険ではその人の介護度によって身体介護や生活介護の時間が決定される。しかし介護保険の改定により、介護に使える時間は減らされてきている。さらに藤原さんのように事業所に登録して働く登録型ヘルパー（非正規パート）の場合、介護をした時間（出来高）分の賃金しか支給されない。コロナ禍では感染対策など、いつも以上に介護に手間や時間がかかる——お風呂に入れる時はゴーグル、マスク、フェイスシールドなどを使う必要があるし、ドアノブ、電話、手すり……触ったところはすべてアルコール消毒しなければならない。しかし介護保険で決められた時間をオーバーして働いても、その分の時給が出るわけではない。
「第1波の時、トイレットペーパーなどの商品が品薄になったことがありました。生活介護として買い物を頼まれたのですが、トイレットペーパーが品切れでスーパーをハシゴしなければなりませんでした。ようやく見つけてもレジが大混雑していて時間通りには到底終わらない。介護の時間が足りないという事態は今に始まったことではなく、短時間で食事、入浴、排泄をこなさなければならず、話を聞く時間はほとんどありません。ゆっくりお話を聞くつもりならば、その時間はボランティアと覚悟するしかないのです」

利用控えにより倒産するところも

施設介護の現場も深刻な状況が続いている。ヨーロッパの新型コロナウイルスによる死者の多くが老人介護施設で集団感染した高齢者であったといわれるが、日本でもクラスターが発生した介護施設が増えてきている。

感染対策として、通所・短期介護事業所を閉鎖したり、受け入れ人数を減らすなどした介護施設が急増。コロナ第1波の際は全国で自宅から施設に通うデイサービス（通所介護）やショートステイ（短期宿泊）を行っている事業所のうち、８５８カ所が休業した（厚労省、２０２０年４月24日現在）。

秋田由美さん（47歳）は、都内で通所施設を運営している。

「安全を考慮して、家族が面倒を見られる高齢者はできるだけ利用を控えてもらうようにと役所から連絡がありました。コロナが出てきたころから感染が怖いと休んでいる人もいるので、第１波が発生したころの利用者はいつもの半分くらいになっていました」

全スタッフと利用者の検温、マスク着用、アルコール消毒、手洗いに加え、座席の間隔を空けて座る、どんなに寒くても窓を開けるなど、感染リスクを避けるためにできることはすべてやってきた。利用者が半減したことで密が避けられ、感染リスクもだいぶ減っているはずだ。

デイサービスを利用する高齢者が減った分、施設が受け取る介護報酬も減ってしまうのだが、行政から補償があるわけではない。利用者が半減し、報酬が半分になったからといってスタッフの数は減らせない。デイサービスには、ヘルパーに加え、看護師、ドライバーなどの人材も必要だ。

「日々本当に綱渡りでした。物品不足も深刻で、使い捨て手袋などは在庫が底を突くギリギリの状態。インターネットで血眼《ちまなこ》になって探し、通常よりかなり割高な価格で手に入れるしかありませんでした」

通所施設で入浴介助や食事介助などを受けている人も多く、特に一人暮らしの高齢者にとってデイサービスは命綱といってもいい。

「今、来られているお年寄りは一人暮らしで、ここがないと困ってしまう人ばかり。経営的に厳しい状態でも何とか続けていくしかない」

デイサービスを休み、家族と過ごしているお年寄りのことも気がかりだ。特に高齢者の場合、数日動かないだけでも筋力が低下し、運動能力に支障が出てしまう。また家族への負担が重くのしかかり、虐待などのリスクも高くなるという。

「コロナが終息した後、皆、無事に戻ってこられるのか」。秋田さんの心配は尽きない。

コロナ禍以前から経営が厳しかった施設も多く、休業したまま再開しない小規模介護事業所もあり、それにより仕事を失う介護職の人も出始めている。介護報酬はサービスを提供した後、数カ月遅れで事業者に支払われるため、緊急事態宣言にともなう自粛が度重なれば、安定経営ができなくなるリスクがある。

２０２０年に倒産した介護事業所は１１８カ所。自主的に休業や廃業をした介護事業所は

４５５カ所にのぼっており、いずれも過去最多の値となった（東京商工リサーチ調べ）。利用控えによる影響や感染防止対策への費用負担などから経営困難に陥る施設に加え、仕事はあるが離職者が多く、スタッフが集まらないため、廃業に追い込まれた施設もあるという。

ホームヘルパー・アンケート

介護職で働く女性は多く、老人ホームやデイサービスなどで働く施設介護員の約7割、訪問介護員（ホームヘルパー）の８割が女性である。ホームヘルパーの平均年齢は58・7歳だが、60代、70代の人も少なくない（全労連調査・２０１９年）。８割近くが非正規雇用だ。２０００年に介護保険法が施行されてから20年。その間の改定により、介護報酬は引き下げられ、介護職の待遇も、利用者が受益するサービスも切り下げられていった。

「この状況が続けば介護は崩壊する」と危惧した前述の藤原るかさんら複数の介護士たちは「現在の働かせ方は労働基準法に違反する」と国を相手取った訴訟を２０１９年11月に提起した。２０２０年7月には当事者たちの現実を知ることを目的に「ホームヘルパー・アンケート」を実施。６８３人から回答があった。このアンケートをもとにホームヘルパーの実態について見ていくことにする。

683人のうち、女性が94％、非正規が72％、60代以上が35％、ヘルパー歴10年以上が47％であった。具体的な働き方を見てみよう。

ホームヘルパーは一日の間に複数の利用者宅を訪問するのが一般的だ。移動手段は自転車（53％）が最多。炎天下や大雨の日も必死にペダルを漕ぐしかない。また移動時間や次の訪問介護まで時間が空いた場合の待機時間に対して賃金が支払われないケースも多く、登録型ヘルパーの30％が移動時間に、79％が待機時間に対して支払われていないと回答した。待機時間は図書館や公園、喫茶店、商業施設などで時間を潰している人が多く、コロナの影響で公共施設が閉まったり、コンビニのトイレが利用できずに困るなど、切実な声も寄せられた。また高齢者の場合、体調不良により訪問がキャンセルされることもよくあるが、登録型ヘルパーの59％は手当が支払われていないと回答している。実際に介護を行った時間しか賃金が支払われないため、移動や待機時間が長ければ最低賃金を下回るような条件で働かなければならず、キャンセルが続けば収入がぐっと減ってしまう。非常に不安定な仕事であることがわかる。

コロナ禍における仕事の増減については、「変わらない」65％、「増えた」4％、「減った」25％であり、利用控えが続き仕事や収入が減った人が4分の1程度いることがわかった。アンケートではハラスメントについてもたずねており、32％が利用者からのセクハラを、30％がモラハラを経験したと回答。「自分の外見を評価されることがある」29％、「怒鳴られることがある」29％、「性的な誘いや発言をされることがある」19％となっている。

また介護報酬の改定により、利用者宅での介護時間が大幅に削られたことに対する問題点を指摘する声も多くあがった。改定前は利用者宅での介護時間は最低1時間以上とすることが条件となっていたが、改定後は20分、45分と細切れの介護が認められるようになった。ヘルパーは、たとえば「バイタルチェック、おむつ交換、ご飯、着替えを30分で終わらせなければならない」など、短時間で多くの仕事をこなさざるを得ず、利用者はサービスを受けられる時間を減らされた。その結果、「利用者と十分に話す時間がない」（41％）、「常に業務に追われている」（53％）と感じているヘルパーが多いこともわかった。

アンケートでは、ヘルパーの置かれた厳しい現実が浮き彫りになっている。「辞めたいと思ったことがある」（58％）である一方、「仕事にやりがいを感じている」（61％）となっており、複雑な心境がうかがえる。仕事に対する責任、利用者との関係があるから、悪条件でも続けているという回答も多く見られた。現在、ホームヘルパーの求人倍率は14・92倍（2020年度）。つまり1人に対し14以上の求人があるほどの超人手不足状態が続いていることになる。このまま厳しい労働環境が続けば、ヘルパーになる人はさらに減り、介護現場は確実に崩壊する。誰にとっても他人事《ひとごと》ではないはずだ。

経済的な格差で生じる〝介護の貧困〟

訪問介護員（ホームヘルパー）の賃金、待遇が低くあり続けることの背景には、根強い〝女性差別〟が存在するのではないか？　２０００年に介護保険法が施行されると、それまで妻や嫁によって担われていた介護が介護士によって行われるようになっていった。介護現場で働く人も急増し、１９９５年には18万人だった女性介護労働者は２０１５年には１２０万人にまで増加。医療・福祉は女性就業者数が最も多い産業であり、女性就業者の増加に大きく貢献している。

しかし女性が家庭で、無償で担うことが多かったせいか、介護士が〝妻や嫁〟の延長のような不当な扱いを受ける場合があることが、前述のアンケートからも明らかになった。もちろん〝妻や嫁〟に対しても許されない「怒鳴る」「外見を評価する」といったハラスメント。その背景には、ケア労働にたずさわる女性を低く見る価値観が存在するように思えてならない。

ホームヘルパーの前身は、１９６３年に「老人の日常生活上の世話を行う者」として設けられた「家庭奉仕員」制度だった。その後、身体介護に重きを置くホームヘルパー制度へと資格がつくり変えられていった。

「待機時間やキャンセルにも給与が支払われない」「仕事がオーバーした分はボランティアが当たり前」という状況が放置され続けてきたことに、政府もまた介護を「主婦が家事の延長線上で行っている仕事」程度にしか認識していないのではないかと邪推したくなる。

時に理不尽な扱いを受け、待遇や賃金面においても社会から正当に評価されてこなかった介護労働の現場をコロナ禍が襲った。緊急事態宣言下、学校休校、商業施設の閉鎖など、社会のさまざまな機能が停止する中にあっても、施設は開所し、在宅介護も機能した。当初は「感染させられたら困る」とホームヘルパーを断っていた家族も長引くコロナ禍に疲弊し、再びヘルパーを依頼し、デイサービスにも人が戻り始めている。介護職がまさに社会の欠かせないインフラであることが認識され、多くの人が感謝したに違いない。しかし診療報酬同様、介護報酬も技術やサービスに対する出来高払いのため、もともと報酬が低かったところにコロナ禍による利用控えにより、経営困難に陥る施設が出始めている。

実践女子大学准教授の山根純佳さんはこうした状況に対処するため、医療や介護現場でも出来高払いの廃止を検討する段階に来ているのではないかと指摘する。

「たとえば緊急事態宣言下で臨時休園あるいは利用の自粛が行われた保育園では登園する園児の数が通常の1〜3割に減少しました。しかし国が運営費用を通常通り支給する特別措置を取ったので、経営困難に陥ることはありませんでした。介護をエッセンシャルな仕事、公的に必要な財産と捉えるのならば、市場化をすすめるのではなく、公務職として賃金を保障すべきだと思います」

また山根さんによれば、要介護認定を受けた人のサービス利用率が年々下がっているという。介護度によってサービスの上限（利用限度額）が決められているが、要支援1で利用限度額の38%、要介護5でも65%しか利用されておらず、制度が十分に活用されていないことがうかがえる。

「実際に利用したくても利用できない、介護士の人手不足の影響がここにも出ているのだと思います。さらにコロナ禍で感染拡大を防ぐため、以前のように気軽にサービスを利用できないなど、利用者の不満も溜まってきています。また一定の所得のある世帯の自己負担額が2〜3割上がったことも、利用控えに繋がっている。家族介護者のうち『終日介護をしている』と答えた人の割合は、所得100万円未満の世帯で最も高くなっており、低所得層ではサービスを利用せず、家族で介護する割合が高くなっていることがわかります。経済的な格差で公的に受けられる介護が異なる、〝介護の貧困〟ともいえる状況が起こり始めているのではないか」と山根さんは危惧する。

コロナ禍により、介護労働は精神的、肉体的に過酷さを増しているが、それに対する国からの支援はほとんどないといってもいい。クラスターが発生した際、市区町村へ助けを求めたが職員派遣などの援助は受けられず、すべて自分たちで対処することを求められた入所施設もあったという。

政府は２０２１年、３年ぶりに介護報酬を引き上げた。また他業種から介護業界に転職した人に対して20万円を貸し付け、２年勤めれば返済を免除するなどの新制度もつくっている。しかし今ある現場の労働環境を変革し、介護離職を減らさなければ、どれだけ新しい人材を投入しても焼け石に水であるはずだ。

労働環境が厳しければ、介護を担おうとする人材はますますいなくなる。特に今回、感染症の拡大により、介護職は自分に対しても他人に対しても大きな健康リスクを背負っていることが皮肉にも証明されてしまった。コロナ禍で以前から深刻な人手不足が続いてきた介護現場の崩壊が加速度的に進むことが危惧される。もう現場は待ったなしの状態だ。

Ⅲ　生活を支えるエッセンシャルワーカーの受難

社会に「無くてはならない」のは誰だ？

コロナ第1波が日本を襲い、外出自粛にともなう休業や在宅勤務を命じる企業が増える中、突如使われ始めたのが「エッセンシャルワーカー」という言葉だ。英語でessential（必要不可欠な）＋worker（労働者）を合わせた言葉で、医療のみならず、介護や保育、スーパーやドラッグストアなどの小売、ゴミ収集、清掃、電気、交通等の社会インフラ、在宅増でニーズが高まる宅配や運送など、人々が生きていく中で欠かせないライフラインを担う仕事に就いている人のことを指す。在宅勤務ができない職種全般に使われることもある。安倍晋三前首相も２０２０年4月17日の記者会見でエッセンシャルワーカーへの感謝の言葉を口にしている。

医療従事者のみならず、コロナウイルス感染の恐怖と隣り合わせで職務をこなす人々の存在が「エッセンシャルワーカー」という言葉によって可視化されたのだ。介護士、保育士、スーパーや飲食店の従業員など、エッセンシャルワーカーの大半は女性であり、その多くはパートや派遣などの非正規労働者で、収入も最低賃金レベルである場合が少なくない。

世の中を動かしているように見えていたビジネスパーソンたちは、社会に不可欠（エッセンシャル）な存在ではなく、本当に無くてはならないのは理不尽な扱いを受けてきた非正規の女性たちである——「ようやくそのことがわかったか」と私は小気味良さすら感じ、コロナを機にエッセンシャルワーカーの社会的地位が上がり、待遇が改善される契機になるのではないかと思っていた。

しかし現実は違った。社会を支える人々に対する感謝の気持ちは瞬く間に消え失せ、危険な現場に身を晒しているのは、在宅勤務ができないエッセンシャルワーカーだから仕方ないという程度のものになっていったのではないだろうか。

コロナ禍買い物狂想曲

人がまばらな渋谷スクランブル交差点、無人の丸の内オフィス街——２０２０年４月、初めての緊急事態宣言が出されると都心から人の姿が消えた。一方で密になったのが、郊外の住宅地にあるスーパーやドラッグストアだった。ステイホームで家族が在宅しているため、食料品や日用品がいつも以上に必要になる――じっとしているのはつらいのでせめて買い物くらい外に出たい――そんな人が多かったのだろう。

この事態に東京都の小池百合子知事は記者会見を行い、「買い物は3日に1回、代表者のみが行くように」などと通達した。確かにこの時期のスーパーやドラッグストアは異常だった。レジは常に長蛇の列、トイレットペーパーや納豆、パスタなど、コロナ禍でなぜ必要になるのかよくわからないものまで欠品続きとなり、さらにそれを求めて店をハシゴする人でスーパーは溢れた。マスク等を求め、ドラッグストアには朝から長蛇の列ができ、買い占めや買いだめに走った人も少なくなかった。

しかし誰よりも大変だったのは、言うまでもなく、スーパーやドラッグストアで働くエッセンシャルワーカーである。「買い物は短時間で」と言われている店内で「人との接触を避けるべき」時に、不特定多数の人と接しなければならない。感染対策が十分でない中、殺到する人々に対処せざるを得なかったのだ。

都内の大手ドラッグストアでパートをしている睦子さん（69歳）は、コロナが騒がれるようになった3月以降、混雑する店内で顧客への対応に追われた。

「レジに透明のビニールシートをたらし、アルコール消毒液を置いて、常に消毒しながらやっていましたが、ひっきりなしに人が来るのでうっかり消毒を忘れてしまうこともあります。特に小池知事の『買い物は3日に1回』の指示があった翌日は終日ごった返していて大変でした」

ネットやSNS上で拡散する噂やデマ、テレビからの情報、政治家の発言まで、あらゆるものに人々が過剰に反応し、そのたびに店が大混雑するという経験を睦子さんは何度もした。トイレットペーパー、ティッシュペーパー、衛生用品などもずっと品薄の状態が続いた。マスクや消毒液は不定期だが入荷していて、そのたびに長蛇の列ができるようになった。「マスクをどこかに隠しているのではないか？」と厳しい口調で詰め寄ってくる人もいたという。

薬剤師の資格を持つ睦子さんは健康相談を受けることも多い。

「この時期多かったのが、風邪を引いてしまったけれど、コロナがうつるのが怖いから病院ではなく、薬局に来たという人でした。この方がコロナではないという保証はどこにもなく、私もいつ感染してもおかしくないと考えるようになりました。自宅と職場の往復のみにして、ジムに行ったり、友人に会ったりというのは、控えざるを得ませんでした」

第1波のころは「37・5度以上の発熱が4日以上」等の条件が当てはまらなければ、PC

R検査はおろか、病院での受診も断られる状況が続いていたため、薬局に駆け込むという人がいたのだろう。69歳の睦子さんは感染すれば、重症化しかねない年齢だ。

「勤めて17年になります。地域のお客様との繋がりもできていて、健康相談に乗れることがやりがいになっているところがありました。だから続けたい思いは強かった。マスクもない、検査も受けられない――そんな状況に不安を感じ、いらだつお客様の気持ちもよくわかるんです。これはもう完全に政治の失策だと思います。医療や介護現場など最も必要なところにすら医療物資が届かない。多額の税金を使ってカビの生えた布マスクを送ってくる政権には怒り心頭でした。せめて私ができることを目の前のお客様のためにしたいと思っているんです」

増加するカスハラ被害

人々の不安やいらだちが、コロナ禍の中で必死に働くエッセンシャルワーカーに向かうのはなんとも理不尽な話だ。スーパー等で働く人々の間でコロナを理由とするハラスメント行為が増えていることが、UAゼンセンの調べで明らかになった。

UAゼンセンは、GMS（総合スーパー）、飲食店、ホテル・レジャーなどサービス業で働く人たちを中心とする労働組合で、これまでカスタマーハラスメント（カスハラ、顧客による迷惑行為）の実態を知るためのアンケートなどを実施してきた。２０２０年７～９月に実施した「悪質クレーム対策アンケート」（２万６０００人回答）では、全体の36％が「新型コロナウイルスの影響による迷惑行為があった」と回答。業態ごとに見ると「ドラッグストア」67％、「スーパーマーケット」43％、「ＧＭＳ（総合スーパー）」41％で「コロナの影響による迷惑行為があった」と回答している。最近増えているといわれる〝カスハラ〟に加え、コロナを理由にした理不尽なハラスメント行為が増加していることが明らかになった形だ。

　自由記述欄にもさまざまな声が寄せられた。コロナ禍に関するものとしては、品物の欠品に関するクレームが目立つ。

「遠くから来たのにマスクがない。自分たちの分は確保しているのだろう。何時のトラックで、荷物は来るのか！　隠しているのなら、早く出しなさいと叱責された」（総合スーパー）

　また感染対策でお互いにマスクをし、レジもビニールシートで覆われているため、声が聞き取りづらいというトラブルも多かった。

「お互いの声が聞き取り難く、レジ袋が必要なのかなど、丁寧におうかがいしても怒り出す

人がいて、1日に何度もそういうことがあるとストレスが溜まり耐え難い」（専門店）

店舗営業については「自粛しろ」と「自粛するな」両方の声があるようだ。

「営業していることに対して、感染拡大を助長しているという内容に加え『菌がうつるから近寄るな』と言われた」（総合スーパー）

「営業時間を短縮したが勝手に短縮するなと2時間以上クレームを受けた」（ショッピングモール）

「都道府県の要請に基づく、アルコールの提供時間を伝えるも理解してもらえず、その他のことも含め閉店までクレームを受けた」（居酒屋）

「感染防止策として、惣菜のトング使用が禁止になり、パック販売になった。そのことについての一方的な文句と『オレはコロナ怖くない』と繰り返し言い続けられた」（弁当販売）

「最も印象に残っている顧客からの迷惑行為」としては「暴言」が39%、「同じ内容を繰り返すクレーム」が17%。「迷惑行為のきっかけとなった具体的な理由」としては「顧客の不満のはけ口・嫌がらせ」が最多の33%だった。「迷惑行為をしていた顧客の性別」は男性が75%。「迷惑行為をしていた顧客の推定年齢」は50代以上が7割以上を占めており、高齢の男性がクレーマーになりやすい傾向にあることがわかる。

コロナ禍で急速に広がる「新しい生活様式」——セルフレジやキャッシュレス化、レジ前のビニールシート、デリバリー・宅配の普及、ネット予約や手続きなど、若い人には大したことがない変化でも、高齢者にとっては大きな変化だ。やり方がわからずに戸惑う人も少なくないように思われる。その不満が理不尽なカスハラ行為に繋がることは決して許されることではないのだが、その点も留意しておく必要があるだろう。

女性非正規中心の流通・サービス業

ロックダウンに近い状況になる中、食べ物に困ることも、買い物に困ることも、ゴミ出しに困ることもなく、日常生活を送ることができたのは、まさにエッセンシャルワーカーのおかげである。しかし、その際に多くの人が感じたであろう「感謝」は、何の実も結ばず、現在に至っている。

不十分な感染対策しか取られていない職場で働かざるを得ない人々にとって必要なのは、中途半端なリップサービスではなく、安心して働くことができる職場環境であったに違いない。ところが「危険手当支給」や「賃上げ」どころか、レジは無人に切り替わり、タッチパネルで注文する飲食店が増え、ロボットが料理を運ぶところも出始め、従業員のリストラや解雇に拍車がかかってさえいる。コロナ禍により、近い将来訪れるであろう、ＡＩにより仕事を奪われる社会が加速度的に進行している。そして仕事を失うのは多くの場合、現場で働く非正規の人たちであるのだ。

スーパーやドラッグストア等、流通・サービス業で働く人の大半は、女性非正規であること、低賃金で働いていることも忘れてはならない。前述のＵＡゼンセンの組合員も女性が62％、非正規が60％を占めている。流通・サービス業で女性比率が高いことについては、短時間シフトが組まれることが多く、パート女性が働きやすかったこと、そしてこれらの仕事で求められる「感情労働」が女性に合っていたことがあげられる。

「感情労働」とは社会学者のホックシールドが用いた言葉で、「相手の感情を読み取り、自分の感情をコントロールして、相手の求める感情表現や働きを意図的にする仕事」と定義づけられる。具体的には、明るく快活に振る舞う、怒りを顔に出さない、自分に非がなくても謝るといったところだろうか。ジェンダーとして女性が（本人が望むと望まざるとにかかわらず）求められがちな資質であることから、サービス経済化の進展にともない、サービス業で働く女性たちが飛躍的に増加した要因であるといってもいい。

アメリカでは、ワクチン接種順位を決める際、医療従事者、高齢者に続き、郵便配達や宅配業者、フードサービス等のエッセンシャルワーカーが優先的に位置づけられた。日本では医療従事者に対しては優先的に接種が行われたが、病院の清掃を行う委託業者を含むかどうかは病院の判断に委ねられ、訪問介護や薬剤師などの優先順位が低いことも問題になっていた。その他のエッセンシャルワーカー、たとえばゴミ収集や清掃業者等、リスクが高い仕事はいくらでもあると思われるが、ワクチン優先接種の観点からは無視されているのが現状だ。

Ⅳ　使い捨てられる非正規公務員

殺気立つ窓口

２０２０年４月に最初の緊急事態宣言が発令され、ロックダウンに近い状況になっても通常以上に忙しく働き続けなければならない人の中に公務員もいた。公務員といっても、国／地方自治体／正規／非正規など立場はさまざまだが、混み合う窓口で住民に接する機会が多い非正規公務員の人たちは、とりわけ高い感染リスクに晒されていた。

公共職業安定所（ハローワーク）の職業相談部門で働く友子さん（54歳）もその一人だ。キャリアコンサルタントの資格を持ち、ハローワークで働いて11年になるベテランだが、雇用は1年ごとの更新制だ。友子さんだけではない。ハローワークで働く人の約7割、窓口で働く人の大半が単年度契約の非正規職員である。

コロナウイルスによる影響が出始めた２０２０年2月下旬ごろからハローワークを訪れる人は急増。年度末の繁忙期で、友子さんが勤める都市部のハローワークは80～１００人が待機しており、相談まで2時間ほど待たされるのが当たり前。そこにコロナによる失業や雇用調整助成金に関する相談などで現場は混み合い、殺到する問い合わせに電話もパンク状態になった。

ハローワークに訪れる人の中にはコロナで仕事を失った人も少なくない。

「先が見えないいらだちや憤りで、窓口に来られる人は殺気立ってさえいました。私自身も来年の仕事の保証がない非正規なので、その気持ちが痛いほどわかります。でも求職者から見れば、私たちは皆、〝安定した公務員〟。不満のはけ口にされ、暴言を浴びせられることも頻繁にあります」

それでも「〝サンドバッグ〟になっていられるうちはまだいい」と友子さんは言う。人権侵害レベルのことを言われ、心が折れてしまい、職場を去っていく人も少なくない。

2020年2月、3月とハローワーク内はまさに〝3密〟状態だったが、感染対策はまったくといっていいほど取られていなかった。友子さんは窓口で1日平均20〜30人の面談を行っている。

「感染対策としてコンビニなどで使われるようになっていたビニールカーテンを窓口に欲しいと頼んだのですが、まったく動いてくれなかったので、労組を通して要求し、4月半ばになってからようやく設置されました」

友子さん自身、３月下旬に39度近くの高熱が続いたというが、４日目で平熱に戻ったため、ＰＣＲ検査は受けられなかった。

「しばらく休んだほうがいいのではないかと上司に相談したのですが、熱が引いたのだから大丈夫だろうと。恐怖を感じ始めた私は業務中もゴム手袋をし、自宅から持参した消毒用アルコールを担当窓口に置いて、来所される方に使っていただくようにしました。上に期待してもダメだ、自分の身は自分で守らなければという感じでした」と振り返る。

その後、国から出勤を減らすように通達があるとハローワークの職員も交代で職場に出るようになった。友子さんも出勤は週数日で残りは在宅勤務になったのだが、相談件数が減るわけではない。ハローワークではコロナ禍での特別措置として、来所しなければ行えなかった諸手続きを電話やインターネット、動画視聴等で実施する措置を取り始めた。

「来所する人は減りましたが、深刻なケースが多く、一人あたりに要する時間は増えています。職員半分が在宅という勤務体制を取ったこともあり、出勤した日は業務量が倍増して終わらない。電話対応が大幅に増えましたが、『給付金はいつ振り込まれるのか』という他の行政機関に関するクレームや『家賃が払えず家を出なければならない』など生活が追い詰められている人からの相談も多かったです。上司からは『相談は手短に、件数をこなせ』と言われるのですが、精神的に参っていて自死を選んでしまうのではと感じられるケースもあり、『ここは就職先を紹介する窓口です』と電話を切ることはできませんでした」

デジタルを使えない人がこぼれ落ちる懸念

　ハローワークでは、相談件数に加え、求職者に対して発行した紹介状の件数、就職率などの実績が毎月カウントされる。非正規職員は1年ごとに契約更新するため、来年度の雇用に影響しかねず、常に数字を意識せざるを得ない。さらに契約更新は3回までしかできないので、3年経つと雇い止めになり、自分の就いていたポストは公募に出されることになる。勤め続けたければ再度試験を受け、そこに応募してきた外部人材と競わなければならないのだ。

　コロナ禍を機にハローワークはアナログからデジタルへ一気に移行した感がある。民間の就職斡旋《あっせん》会社のように相談から就職まですべてオンラインで完結させられる日が、近い将来に来るかもしれない。

「便利になることは悪いことではありません。でもハローワークは民間と違い、就労を希望する人たちのセーフティネットとしての機能を持つ機関です。オンライン化が進めば、高齢者やパソコンを利用できない人などがこぼれ落ちてしまうのではないかと心配しています」

さらに友子さんのような対面で相談に応じる専門職も削減されていくだろう。効率や実績を重視すれば、就職しづらい事情を抱えている人やきめ細かいサポートが必要な人が後回しにされ、取り残される可能性が出てくる。多様な人に寄り添うのが公共職業安定所の役割であるのだが、逆行する方向に向かっているようだ。

ハローワークに限ったことではなく、市役所等でも同様なのだが、窓口に立ち、最も多く利用者の声を聞いているのは非正規職員である。正規職は窓口の後方に待機しており、利用者の話を聞く機会は格段に少なくなる。最前線に出向かないため、現場で何が起こっているのか、どんな訴えが増えているのかわからない。さらに窓口で働く非正規は入れ替わりが激しいため、利用者の生の声はますます届かなくなる。

「公務員の数は減らされているので、正規職の人の業務量も膨大になっています。正規との間には賃金も安定性も差別といってもいいくらいの落差がある。でも分断していても何も変わらない。一枚岩になってやっていかないといけないのだと感じることもあります」

友子さんは経験と専門知識を生かして、コロナ禍の中、労働組合などが主催する相談会にボランティアとして参加している。働くことは生存に関わることである。仕事を失った人のために必死に働く人たちが来年は自分も求職者の列に並ぶことになるかもしれない理不尽を放っておいていいわけがない。

仕事をかけもちする婦人相談員

同じくコロナ禍で業務が膨大になった非正規公務員の中に、婦人相談員がいる。ステイホームによりＤＶが増加したことから、行政も相談電話の増設やＳＮＳ相談を立ち上げるなどして対処してきた。窓口を増やすのはいいことだが、相談が電話やＳＮＳだけで完結することはほとんどない。相談者に会い、安全に配慮しながら具体的な支援に繋ぐ婦人相談員が必要だ。しかしコロナ禍で増える相談に対し、シェルターなどの受け皿も、相談員も足りておらず、現場は逼迫している。

彩子さん（60歳）は都内のある自治体の生活福祉課で週4日、非正規で働く婦人相談員だ。コロナ禍で仕事は倍増しており、日中はＤＶ被害者の裁判所への同行支援などで忙殺され、直接窓口を訪れた人への対応にまで手がまわらないことも少なくない。

「10代から80代後半まで、相談はＤＶ、虐待、経済困窮など多岐にわたります。最近増えていると感じるのは経済的ＤＶです。妻のパートや自身の収入が減ったことなどを理由に生活費を出し渋る夫が増えていて、役所に来るまでのバス代すらないという女性もいます」

彩子さんは婦人相談員になった7年前から、非正規職として1年ごとの契約を繰り返してきた。週4日では厳しいため、兼業届を出し、週1日の休務日には、別の自治体で夜間電話相談の時給アルバイトをして一人暮らしの生活を成り立たせている。全国の婦人相談員の大半は非常勤のため、彩子さんのように仕事をかけもちしている人も多い。

「私の休務日に来所した女性が相談を受けられず、『もういいです』と離れていった時などには強い無力感を感じます」

仕事は山のようにあり、相談に訪れる人が後をたたないというのに、週4日勤務のため対応できず、他で副業しているという矛盾に深く落ち込むことがあると彩子さんは話す。

暴力から逃げてくる人を支える婦人相談員の仕事には、緊急対応も多く、業務上の危険もつきまとう。専門知識に加え、多様なケースを積み重ねていくことも欠かせない。命に関わる重要な仕事をしているにもかかわらず、1年更新の非正規で生活できないような低賃金という婦人相談員の待遇は、社会の中で女性が置かれた弱い立場を象徴しているように思われてならない。

入れ替え可能なパーツとして扱われる〝伴走者〟

地方で働く婦人相談員の状況はさらに厳しく、一人で複数の仕事を兼務している人もいる。広島県の自治体で、婦人相談員をしている藍野美佳さん（52歳）は、コロナ禍、DV相談に加え、DV被害者が特別定額給付金を受け取るための面談と書類作成に追われた。個人単位で支給されることになった特別定額給付金だったが、世帯主がまとめて申請する形となったため、DVを理由に夫と別居している人などが受給できないという事態が発生した。この対応に批判の声が上がり、婦人相談員らが確認書を作成すれば、個別に支給できるようになった。給付金の相談をきっかけに支援へ繋がった人もいて、藍野さんの担当するケースは増大していったという。

「長期にわたり我慢を重ね、初めて相談したという人も多く、一つひとつの事案が本当に重たかったです。行政窓口は、必死に生き延びた末にたどり着いた最後の砦。信頼してもらうためにも最初がとても肝心なんです」

面談の記録一つでも離婚や親権争いの調停で証拠として使われることもあるため、気を抜くことはできない。緊急に動かなければならない案件も多く、休日返上で働くこともある。

だが、そんな藍野さんもまた非正規で働く公務員だ。勤務は週5日、30時間だが、手取りは月10万円程度。入職して8年、昇給は一度もなく、退職金もない。コロナ禍では業務が終わらず、月60時間以上残業していたという。藍野さんには残業代が支払われていたが、自治体によっては残業代は支払われず、時間調整（有給を増やす形だが本来は違法）で対応するところもあるのだという。

藍野さん自身もかつてDV被害により離婚後、3人の子どもを育ててきたシングルマザーだ。月収10万円では食べていかれないため、夜間に飲食店などでアルバイトをかけもちする生活を送ってきた。

「役所で9時から16時まで働き、夜中から朝までバイトに入ることもあります。年齢のせいか、最近は体力的に厳しく、栄養ドリンクを数本飲んで出勤するという日々です」

ファミレスや焼肉店、パチンコ店やホテルの掃除、倉庫でのピッキングなど、夜から入れる仕事であればすべてやってきた。

しかし、2020年8月、藍野さんを大きなアクシデントが襲う。車で出勤途中、反対車線の電柱に激突する自損事故を起こし、10日間入院。一歩間違えば即死の大事故だった。事故当時の藍野さんは、増え続ける相談と自粛後に営業を再開した焼肉店のアルバイトで1カ月ほど休みなく働いていた。

「私の経済状況をよく知る店長がいち早く呼び戻してくれました。とてもありがたかったのですが、バイトを減らしている関係でいつも入っている洗い場に加え、接客も担当しなくてはならず、疲れが溜まっていたのだと思います」

入院中も病室にパソコンを持ち込み、陳述書の下書きをしたり、SNSでの相談に応じていたという。

「私自身が支援を受けて救われた経験があるので、この仕事に対して強い思いを持ってきました。50代になったころから今の生活に肉体的しんどさを感じてきましたが、今回ばかりはもう無理かもしれないと思い始めています」

藍野さんが夫から逃げたのは13年前のこと。「今日こそ本当に殺される」と思って家を飛び出した。子どもたちには苦労をかけたが「自分たちみたいな思いをしている人を助けてあげて」と背中を押してくれたという。

DVから逃げて終わりではない。被害に遭った人たちが、トラウマから抜け出し、本当の意味で自分の足で歩き出すためには長い年月がかかる。長期にわたり、伴走してくれる人が欠かせない。

「この仕事を8年続けていると、以前相談に乗った人が訪ねてきたり、電話をくれることがあるんです。娘が不登校になってしまったとか、過去の苦しい記憶から抜け出せないとか。もちろん良い知らせもたくさんあります。でも国は私たちのことを毎年人が入れ替わってもいい程度の存在と考えていることに愕然《がくぜん》とします」

非正規率の高い職種の3つの特徴

ハローワーク職員、婦人相談員など、利用者や住民にとって身近なところで働く人たちが非正規で、来年の雇用の保証もなく、場合によっては兼業しなければ生活していかれない状態であることに驚きを感じる人も多いのではないか。

２０００年ごろから年収２００万円ほどで短期契約を繰り返す非正規公務員が増え始め、その数はここ10年ほどで倍増している。非正規職の中には1年ごとの契約を昇給も退職金もないまま、10年間繰り返している、という人も少なくない。特に地方自治体ではその比率が高く、3人に1人が非正規職であり、その8割近くが女性で占められている。

特に非正規比率が高い職種は、司書、保育士、介護士、給食調理員、栄養士、女性関連施設の職員、教員、婦人相談員などである。これらに共通する点をあげるならば、①女性割合が高い職種であること、②住民にとって身近なサービスを担う職種であること、③専門職、資格職の割合が高いこと、であるだろう。

また２０２０年４月からは、これまで各自治体任せだった非正規公務員に関する新たな制度として「会計年度任用職員制度」がスタートした。これは毎年の「会計年度」ごとに職員を任用する、すなわち場合によっては1年で使い捨てにしても問題ない仕組みを国が制度化したということができる。「来年は誰が残れるのか、職場の人間関係がギスギスしたものになった」「隣で働いている正規公務員との給料や待遇の激しい格差に心が折れた」など非正規職員からは、抗議と落胆の声が上がっている。現場で働く人間を資材や物品のように、その年の懐具合に応じて買ったり処分したりできる仕組みといっても過言ではないだろう。

さらに非正規公務員すら置かず、これまで直営していた図書館や保育所、学童保育、女性センターなどの運営を指定管理者に丸ごと委託する自治体も増えている。外部委託されれば、そこで働く人々の処遇はすべて委託先任せになる。学童保育の業務を請け負っていた委託先がコロナ禍で業務が縮小した際、休職した職員に手当を支払わなかったなど、ブラックな実態が次々と明らかになっている。

非正規公務員の新しい任用制度である「会計年度任用職員制度」が導入されたのは、コロナ禍の真っ只中の2020年4月であった。行政窓口では給付金支給の手続きなどで、かつてないほどに多くの人手が必要になった。この人手不足を埋め合わせたのが、民間企業や大手人材派遣会社である。「給付金」「パソナ」などと検索すると政府関連の事務代行をする1カ月単位からの派遣募集が山のように出てくる。

2020年6月に持続化給付金について、再委託や外注が繰り返され、電通、パソナ、トランスコスモスなどが利益を上げていることが明るみに出て問題となっている。その後もGo To Eat の予約委託はぐるなびや一休に、ワクチン接種のオペレーションは日本旅行に……など民間企業への委託は続いており、今後もその動きは加速していくだろう。

民間委託を全否定するつもりはない。専門性を生かし、利用者に寄り添ったサービスを実施してきたNPOなどに委託することで、問題解決に力を発揮しているケースもある。一方で生産性や効率性を重視し、委託先で働く人の労働条件を切り下げることはあってはならない。行政は丸投げして終わりではなく、不正を監視し速やかに正す仕組みをつくる必要があるはずだ。

高まるニーズにそぐわない仕組みと待遇

非正規公務員の問題に話を戻そう。前述したようにここ10年ほどの間に非正規公務員が増えた職種は、①女性割合が高く、②住民に身近で、③専門的な仕事である。女性が多い職種が〝狙い撃ち〟されたことに関しては、女性は家計補助的な働き手であるから非正規化しても構わないという女性差別が見受けられる。行政窓口の職員、児童相談所の相談員、生活保護のケースワーカー、婦人相談員など、対人援助職が多いことも特徴的であるだろう。

政府は2021年2月に「孤独・孤立対策担当大臣」を任命し、コロナ禍で増加する自殺やひきこもり等の問題に積極的に取り組む姿勢を示している。「孤独・孤立」には、核家族化や人との関係性の希薄化が考えられるが、その背景には不安定雇用や貧困、障害などさまざまな問題が複雑に絡み合っていることが想像に難くない。自治体の窓口に立つ対人援助職は、当事者と向き合い、信頼関係を築きながら、絡まり合った糸を解きほぐしていくことが求められており、AIなどで代替できる仕事ではないはずだ。場合によっては何年も伴走しながら、問題を解決していくこともあるだろう。

しかし現場ではこうしたニーズと逆行することが起こっている。住民サービスや相談支援に関わる職員を非正規化し、誰にでも代替し得る仕組みにしようとしているのだ。たとえばDV支援の現場では一連の業務を「離婚手続き」「養育費関連」「就労支援」というように細分化し、それぞれ異なる委託先で担えるような仕組みにしようとする動きがあるという。当事者は相談に行った先々で事情を説明しなければならず、担当者との関係性は築きにくくなる。支援が細切れでその場しのぎとなり、根本的な問題解決は期待できないのではないか。

日雇い派遣看護師の解禁、介護報酬の切り下げによる介護の細分化、公務員の非正規化、スーパーのレジや職業紹介の無人化など――今後も生産性を重視した効率化は進んでいくだろう。しかし〝非接触〟〝リモート〟が重視されるようになったコロナ禍の今だからこそ、見失ってはいけないこともあるはずだ。

非正規公務員に対する差別的な待遇に対して声を上げ始めた女性たちがいる。2021年3月、公務の現場で働く女性たちを中心に実態調査や政策提言を行う「公務非正規女性全国ネットワーク（通称：はむねっと）」だ。立ち上げメンバーの一人で、20年ほど、公立女性関連施設で非正規公務員として働いてきた瀬山紀子さんは次のように話す。

「相談員などの仕事についた人が、待遇面で、将来展望が見えず、辞めていく姿を見てきました。このような状況では若い世代に職を繋げないという声も聞きます。私たちが選んだのは仕事であり、待遇ではありません。このままの待遇では職の未来がない。それは公務サービスの支え手を失うことを意味します。現状を変えていかなければ……」

市民サービスを中心で担う非正規公務員の待遇を切り下げることは、公共サービスの質の低下を招きかねない。私たちの日々の生活に直結するこの問題は、誰にとっても他人事ではないはずだ。

第4章

テレワークの明と暗

Ⅰ　テレワーク階級――新しい身分制度の誕生

非正規社員は蚊帳《かや》の外

２０２０年４月、最初の緊急事態宣言が発令された時期、政府の要請もあり、在宅勤務（テレワーク、リモートワーク）体制に移行する企業が急増した。東京23区では48％の企業でテレワークが実施され、大手企業が集まる都心のオフィス街は一時期閑散としていた。しかしそんな無人に近い、明かりもまばらなビルの中で働き続ける人たちがいた。ビルの警備員や清掃員、そして非正規社員の女性たちである。このころから正社員はテレワークになったが、非正規社員はさせてもらえないという声が聞かれるようになっていた。

都内の大手ゼネコンで派遣社員として働く美冬さん（49歳）は社員が在宅勤務に移行する中、出勤を続けた一人だ。

「２０２０年３月初めごろから社員は感染リスクを避けるため、時差通勤、時短勤務、在宅勤務へと移行しましたが、派遣の私は蚊帳《かや》の外という感じ。でも正直、コロナよりも、契約打ち切りなどで自分の仕事がなくなることのほうが怖かったです」と振り返る。

２０２０年４月７日、東京都を含む７都道府県に緊急事態宣言が出された後も、美冬さんは通常勤務を続けたが、ゴールデンウィークを控えた4月23日、工事現場の休止も含めた全社での出勤停止が決まった。

「私は明日からどうすればいいのか？　自宅待機と言われたけれど、それは在宅勤務なのか、有給扱いなのか、欠勤になるのか、何の情報もありません。派遣元の担当に電話をしても『よくわからない』と言うばかり。賃金が出るかどうかは時給で働く私にとっては死活問題です。有給休暇扱いと言われても、限りがあるし、こんなことのために使いたくない。派遣の自分の処遇について、誰に聞いてもわからない状況に徒労感ばかりが募りました。在宅勤務なんていいから普通に働いて時給を得たいと思いましたね」

結局、ゴールデンウィーク明けから通常勤務に戻ったので、４日間のみの在宅期間となり、この間の時給は派遣先企業から支払われたという。高齢の親と同居する美冬さんは、ラッシュを避けるため朝5時半に家を出てなるべく早く出勤し、事務所の机、会議室、トイレなどを次《じ》亜《あ》塩《えん》素《そ》酸《さん》で毎日消毒した。

「通勤に利用するバスは緊急事態宣言下で減便しているせいか、早朝なのにかなり混み合っていました。こんな時期でも仕事に行く人は結構いるんだなあと。働かなければ生活ができないので、出勤は当たり前のことだと思っています。社員と比較しても仕方ない」と淡々としている。

派遣社員の立場で最も困るのは、必要な情報が得られない〝情報格差〟だという。

「一斉休業の連絡だったり、職場での感染対策だったり、コロナ禍で必要な情報が増えているのですが、そうした情報はすべて社内のイントラネットで配信されているんです。派遣社員にはこれを見る権限がないので、皆が当たり前に知っていることを知らないという事態が起こってくる。コロナでなければ気にならなかったことですが、重要な情報が日々更新される今の時期は地味にきついなと感じています」

正規と非正規の間には、当事者にならないと気がつかないような大小さまざまな格差がある。非正規にとって時差通勤やそれにともなう時短勤務は収入減に直結する大問題であり、選びたくても選べない状況にあるのだ。

「感染リスクに晒されながら通勤しているのは、非正規の人が多いと思います。経済的な意味でも通常勤務を選ばざるを得ない。正社員は手当もボーナスもあり、さまざまな点で優遇されています。一方、非正規は少しの期間仕事がないだけですぐに干上がってしまう。政府は非正規社員に優先して休業補償を出すなどして欲しい」

現実にはその逆で、政府も企業も当初は正社員しか念頭になく、非正規に対する休業補償が支払われなかったり、フリーランスに対する補償が想定されないなどの問題が発生した。先の保証も何もない非正規にとって、どれだけ感染リスクがあろうとも日々働いていかなければならないのだ。

非正規が在宅勤務できない理由

内閣府による調査[1]では２０２０年5月時点でテレワークを実施したのは、正規雇用は42％、非正規雇用は18％であった。非正規雇用には在宅勤務が難しいエッセンシャルワークにたずさわる人の比率が高いことも要因の一つだが、正規はテレワーク、非正規は出勤という職場が多いことも考えられる。「官製ワーキングプア研究会」が実施した非正規公務員を中心とするアンケート[2]でも5割を超える人が「非正規であることにより不利益な扱いを受けた」と回答。４人に１人が「勤務時間の減少と収入減」や「無給による自宅待機」など、コロナによる負の影響を受けたとしている。

正社員には在宅勤務を認めるが、非正規には認めない——なぜこのような事態が職場で起こるのか？　最も多く聞かれるのは、情報漏えいやセキュリティ上の問題。非正規にはテレワーク上必要なパソコンや携帯などの端末を貸し出せないといったものもある。本気で導入を考えるならばいくらでも方法はあるようにも思われるが、そのつもりがないということなのだろう。

また派遣社員は派遣先企業から直接雇用されているわけではないため、在宅勤務扱いとするか、休業させるのか、その場合、誰が賃金を支払うのか（派遣元か派遣先か）といった基準が曖昧で、在宅勤務不可となるケースもあったという。特に女性の非正規職や派遣社員は、事務職に従事する割合が高いことも影響しているだろう。テレワークを円滑に進めるためには、誰かがオフィスに待機し、郵便や荷物の受け取り、紙書類に関わる作業や文書のデータ化など外からはできない業務を担わなければならない。

一方、一切の配慮も工夫もなく、身分制度のように「非正規は出社」と決めつける企業に対し、組合を通して団体交渉を申し入れる人や在宅勤務を求めたところ雇い止めにされたため、会社を提訴して闘っている人も出始めている。

テレワークを推し進める政府は、非正規も在宅勤務ができるよう、柔軟に対応するようにと早い段階から呼びかけており、２０２１年３月、厚労省が改定した「テレワークガイドライン」の中でも正規、非正規という雇用形態を理由にテレワーク対象者を区別しないようにとしている。しかし、コロナ第2波、第3波と続く中、新しくテレワークを導入する企業は頭打ちとなり、非正規労働者の声もかき消されていった感がある。

　コロナ禍で加速度的に広まった在宅勤務だが、正規と非正規では実施率に差があるように、業種、企業規模、地域、男女、年収等においても大きな格差がある。地域別では、２０２０年5月時点でテレワークを実施した企業は東京23区で48％、全国で28％、同年12月時点では東京23区で43％、全国で22％となっており、コロナ禍で、都市部においてテレワークが定着しつつあることが見て取れる。また年収が高くなるほどテレワーク実施率は高く、年収３００万円未満では13％であるのに対し、年収１０００万円以上では51％と大きな開きが出た**（図8）**。業種別実施率では、「情報通信業」が66％と最も高い一方、「保育」1％、「医療、福祉」5％など、エッセンシャルワーカーが働く業種との間には当然ながら大きな差があった。

　以上は内閣府によるものだが、男女差については、独立行政法人労働政策研究・研修機構（ＪＩＬＰＴ）によるデータがある。２０２０年5月時点で、週1日以上在宅勤務を実施した人は全体の28％、男性の34％、女性の20％であった。一般的に育児、介護など家庭内のケ

図8　本人年収別　2020年12月（現在）のテレワーク実施状況

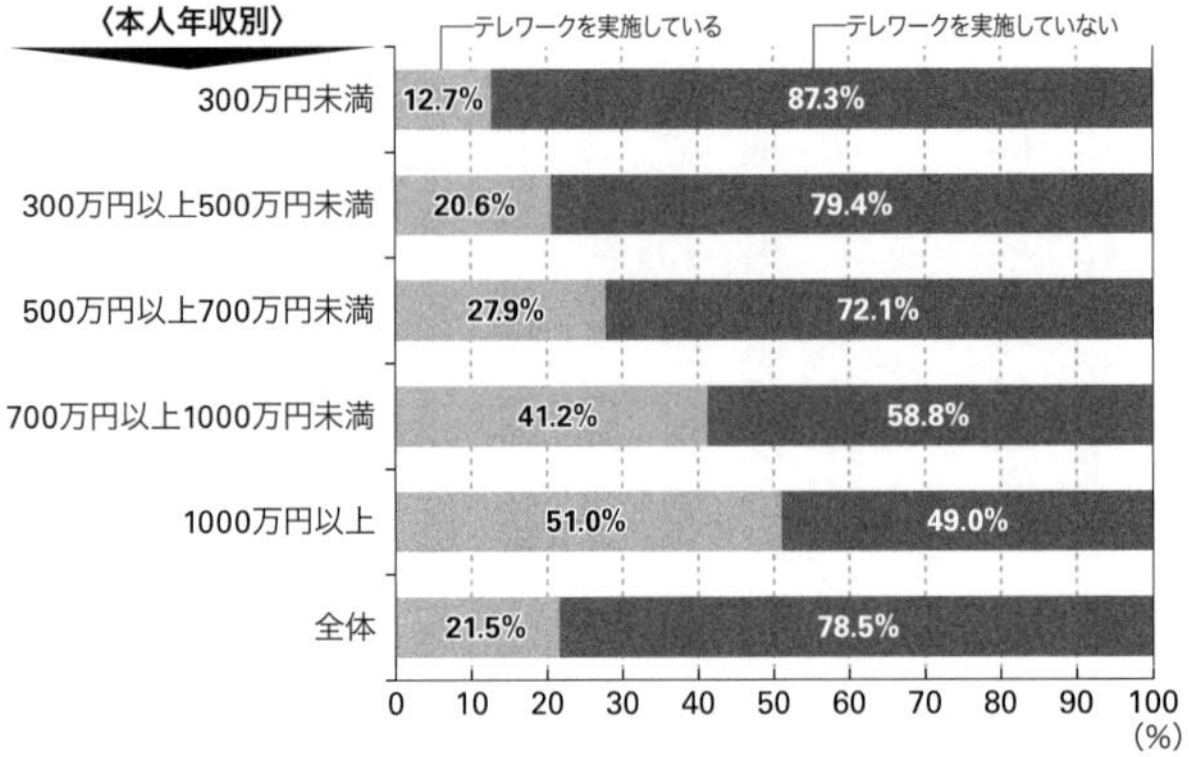

出所：第２回 新型コロナウイルス感染症の影響下における生活意識・行動の変化に関する調査、令和２年12月24日 内閣府政策総括室

ア負担が多い女性のほうがテレワークの需要が高いと考えられがちだが、現実はその逆となっている。女性のテレワーク率が低い背景には前述してきたように女性のエッセンシャルワーカーや非正規雇用者が多いことがあるだろう。

テレワークに関してはさまざまな組織がアンケート調査を実施しているが、多くの調査で、女性より男性、地方より都市、低所得者より高所得者、中小企業より大企業において、テレワーク実施率が高くなっている。端的にいえば、大企業に勤める年収が高い男性が最もテレワークしやすく、年収が低い非正規の女性が最もテレワークしづらいということになる。

コロナ禍以後、ステイホームと対をなすようにもてはやされ、誰もがやっている印象すらあるテレワークだが、実際は一部の恵まれた属性の人たちにおいてのみ、実施される傾向にあることがわかる。緊急事態宣言下、都知事らはテレワーク実施を呼びかけ、駅などでも協力をうながす放送が流れていたが、選ぶ権利がない労働者のほうが圧倒的多数であるのだ。

命の格差

テレワークできる正社員とできない非正規社員では、命の格差が存在する――こう書くと何を大げさなと言われるかもしれない。コロナ禍において、たとえ感染リスクがあってもそれがなければ社会が動かなくなる重要な仕事があることを、私たちは改めて認識した。投げ出したいと思っても踏みとどまり、仕事を続けてくれた人たちがいる。対価が十分支払われているとは思えないが、少なくとも彼らはエッセンシャルワーカーとして認識され、感謝された。

他の社員がテレワーク可能となるよう、出社しなければできない仕事を担う人たちはオフィス内のエッセンシャルワーカーといっていい存在だ。しかしそこに感謝があるわけでもなく、「そういう契約だから」と当然のように扱われるとしたらどうか？　必要な機器や仕組みが整っているにもかかわらず、正規だから在宅、非正規だから出勤と、身分差別のように決められる状況は精神的にこたえるに違いない。全員が出勤、テレワーク不可という状況のほうが余程いいと感じるだろう。

　コロナ禍以前から、正社員と非正規社員の間には、埋め難い大きな格差があった。賃金、ボーナス、有給、昇給、諸手当、退職金等の格差があっても、見ないふりをして働いてきた非正規社員は少なくないはずだ。その分、社員に比べ、労働時間が短く、労働負荷が少ない仕事という認識があった。しかしコロナ禍以後の時短やテレワーク導入で出社しない社員に代わり非正規社員がオフィスをまわしている状況を見ると、そうした常識が覆《くつがえ》りつつあるのかもしれないと感じる。

　正規と非正規の間で見ないふりをしてきた格差がコロナ禍によってあからさまになり、非正規で働く人々を確実に蝕《むしば》んでいる。澱《おり》のように積もった格差はついに命の格差にまで及んでいる——そう感じても不思議ではないはずだ。

　２０２０年４月、働き方改革関連法により、同一労働同一賃金が適用された。まさにコロナ禍第１波の真っ只中のことである。これにより正社員と非正規社員の間にある不合理な格差や、非正規社員に対する差別的な取り扱いが禁止されることになった。

前述の大手ゼネコンで派遣社員として働く美冬さんも多少の期待を持っていたというが、実際には慶弔《けいちょう》休暇の取得と慶弔手当の支給が追加された程度のものだった。

「当初時給が数十円上がるという話もあったのですが、それをプールして慶弔手当金に当てることになったという説明を受けました。いまいち納得がいかなかったのですが、コロナで仕事を失う人や派遣切りに遭う人が出始めたころで、私もいつ契約打ち切りになるかわからない。もうそれ以上追及することはしませんでした」（美冬さん）

　大企業では２０２０年４月、中小企業では２０２１年４月からの同一労働同一賃金の適用となったが、コロナの影響もあり、報道や検証が行われることは非常に少なかった。

　正社員に認められる時短勤務やテレワークを派遣社員には認めない――果たしてこれは同一労働同一賃金の原則から見て合法なのか？　恐らくＮＯであるだろう。同一労働同一賃金原則では、正社員との待遇差について、労働者側から求めがあれば、企業側はその理由を説明する義務がある。なぜ非正規社員のみ出勤を求められるのか、それなりの説明が必要になってくるはずだ。

待遇格差をめぐる2つの判決

一方で同一労働同一賃金原則がすべてを解決するわけではない。2020年10月、正規と非正規の待遇格差をめぐる複数の判決が最高裁判所で立て続けに出された。大阪医科大学（現：大阪医科薬科大学）の女性非正規職員の賞与不支給、駅売店（東京メトロ子会社）で働く契約社員の女性たちによる退職金不支給は、いずれも労働契約法第20条（現：パートタイム・有期雇用労働法第8条）が禁止する「不合理な格差」であるとして訴えたが棄却された。職務は概ね共通するが、正社員には転勤や配置転換などがあり同一職務とはいえないこと、賞与は人材の長期確保や定着目的で支給する側面が強いことなどが棄却理由としてあげられた。高裁では退職金不支給、ボーナス不支給は不合理であるとして、一部支給が認められていただけに、この判決は波紋を呼んだ。

その2日後、今度は日本郵便の契約社員が扶養手当や病気休暇がないことは労働契約法違反であるとした訴えを全面的に認める判決が下りた。正規と非正規の間で、休暇や手当など、待遇面での差別を認めないとする判決は画期的なものであり、今後の基準となっていく可能性が高い。もう一方の判決からは、非正規には退職金や賞与を支給しなくていい――という単純なことではなく、個々のケースで判断する必要があると最高裁はしているが、この判決の影響は小さくないはずだ。

日本では現在働く人の約４割、働く女性の６割近くが非正規として働いている。非正規はもともと賃金が低く、雇用の継続すら保証されていない。労使で大きな力の差がある中、賃金や待遇に関する説明を求めたり、まして裁判に訴えることなどほぼ考えられないだろう。また正社員と非正規社員の職務を同一か否か、判断することは容易ではなく、そこには恣意的な物差しが入る可能性もある。さらにテレワークを含む新しい働き方が一部で急速に広がりつつある今、判断がますます複雑化していくことは否めない。ようやくスタートした同一労働同一賃金がコロナ禍の混乱に乗じ、絵に描いた餅にされてはならないのだが、非正規に雇い止めが集中する中、雇用継続すら厳しいのが現実だろう。

そんなことを考えていた時、派遣会社の中で在宅のみで勤務する「在宅派遣」という制度を始めているところがあることを知った。在宅派遣のみを取り扱っている派遣会社もあり、一般の派遣会社でも、仕事の条件を検索する際、在宅勤務の可否を選択することができるようになっているところもある。派遣大手のテンプスタッフではパソコンなどの機器の貸し出しや働き過ぎを防止する労務管理ツールの提供なども行う。在宅派遣制度が進めば、地方に住んでいる人や子育て中など制約のある人が働きやすくなるメリットもあるだろう。

　一方、仕事を完全に在宅のみで行う場合、クラウドソーシングで個人請負する形と何が異なるのか疑問が湧く。現在は「在宅派遣」であっても、派遣会社との雇用契約が存在するようだが、企業側が社会保険や労務管理の負担を減らすためにも個人請負化させる流れになっていくのではないか。

1　新型コロナウイルス感染症の影響下における生活意識・行動の変化に関する調査（内閣府）２０２０年6月、12月

2　ＮＰＯ法人官製ワーキングプア研究会、２０２０年5月実施、２３５人回答

II　テレワーク普及とジョブ型雇用の罠

快適そのもののテレワーク

　コロナ禍により一部で急速に浸透し始めたテレワークについては賛否さまざまな意見がある。特に２０２０年３月、一斉休校とテレワーク開始時期が重なった人が多かったことから、子どもが家にいるのに在宅ワークなど不可能という声が噴出した。個室などテレワークできる環境が自宅にない、子どもがオンライン会議に割り込んでくる、夫婦ともにテレワークとなったがいつも夫が優先されるなど、とりわけステイホームの影響で家事負担が増えた女性たちからの不満の声は大きかった。しかし一斉休校期間が終わった後はそうした声も減り、コロナの感染リスクはもとより通勤時間を減らせるテレワークは概ね好評のようだ。

　内閣府の調査[1]ではテレワークを実施している人の88％が継続を希望。家族構成や家庭環境によっても状況は異なるが、女性全般、特に小学校３年生以下の子どものいる世帯での継続希望が高くなっている。[2]

大手人事系ソリューション企業で総合職として働く多香子さん（45歳）は２０２０年４月以降、在宅勤務を続けている。コロナ禍以前から育児中の社員の在宅勤務が認められるなど、導入に積極的な企業だったが、コロナ禍で全社的にテレワークに移行した。正規非正規の差別はなく、事務やコールセンターなど在宅できない部署の人は３分の１ずつ交代制での出社となっている。

多香子さんは営業を担当しているが、それまで直接訪問することが多かった取引先とのやりとりは、大半がオンライン会議と電話に切り替わった。すでに１年以上経っているがトラブルもなく、「こんなに支障なくまわるものなのだと驚いています」と語る。

出社は月２回程度。オフィスの個人机は廃止された。出社した日はフリースペースで作業する。定期券制度も廃止された一方、在宅勤務手当として月１万８０００円（冬季）が支給されるようになった。オンラインでの打ち合わせは比較的ラフな格好で行われるため、スーツを着ることもなくなったという。

「通勤しなくていいのは本当に快適そのものです。自分の机があるわけでも、同僚に会えるわけでもないので、出社する意味を感じなくなりました」

オンラインで朝礼と夕礼があるが、それ以外は個人の裁量で仕事をすることができる。届け出れば残業も可能だが、在宅勤務になってからはほとんどやっていないという。

「往復の通勤時間がなくなったことは大きいですね。20時ごろに職場を出ても食事をするのは22時を過ぎてしまいます。そこから家事をしてとなると生活はかなりきつくなる。最近では19時には夕ご飯を食べ終わるようになりました。22時くらいに寝てしまうことも（笑）。そういう意味では生活が大きく変わりましたね」

　コロナ禍以前は月平均40時間、繁忙期には60時間を超える残業をし、22時ごろに帰宅することが当たり前の生活だったという多香子さん。

「仕事量が大きく変わったわけではないのに不思議ですよね。どこか職場にいることが仕事になっているようなところがあったのかもしれません。テレワークはやはり女性に好評で、昼休みに洗濯物を片付けられるとか、夕食の下ごしらえができるとか、生活にゆとりを持てるようになったという声が多いと感じています」

　一方、テレワーク期間が長くなるにつれ、自己管理の難しさも感じていると多香子さんは言う。

「自分はつくづくダメ人間だなと思うことが多いです。朝起きる時間がどんどん遅くなってきて（笑）。気持ちを切り替えるためにメイクだけはちゃんとするようにしています。一日中、自室に籠もっているとしんどいと感じることもあります。メリハリをつけるため、近所のカフェで仕事をするなど工夫してやっています」

当初は部屋のソファーで仕事をしていたが、腰を痛めてしまったため、仕事用のデスクと椅子を新調した。これまで残業と通勤に消えてしまっていた夜の時間を本を読んだり、ゆっくりお風呂につかるなど、自分のために使えるようになったと多香子さんは言う。

「夜はついダラダラと過ごしてしまうことのほうが多いのですが、周囲では新たに副業や自己啓発を始めたという話も聞くようになりました」

先述の内閣府の調査では、コロナ禍以前と比較して、将来の仕事や生活について考えるようになった人が３割ほどおり、新たに副業を検討し始めた人が１割ほどいる。副業を始めた理由としては４割以上がコロナ禍による収入の減少をあげていることも慎重に見ていく必要はあるが、自身の働き方について主体的に考える人が増え始めたということはできるだろう。

多香子さん自身、テレワーク体制が始まる前から将来を見据えたキャリアチェンジを漠然と考えていたという。

「福祉関係の資格を取りたいという思いを持っていたのですが、何もしていませんでした。生活にゆとりがある今、少しずつ勉強を始めています」

一方、テレワークは若手社員などにはあまり評判が良くない。

「20代の男性社員が出社したがるので理由を聞いたら、一人暮らしの狭い部屋に閉じこもって仕事をしていることがつらい。ストレスからついつい物を食べてしまいかなり体重が増えてしまったと言っていました。経験が乏しい若手社員が孤立しないよう、チームでさらにフォローしていく必要を感じています」

若手の育成、人事評価の方法など課題もあるが、今後はこの働き方がニューノーマルになるのではと多香子さんは言う。

テレワークの労働者側におけるメリットを見てきたが、テレワークが浸透すれば、オフィスの賃料や通勤手当などの固定費の支払いが減るなど企業側のメリットも大きい。育児等による離職防止や遠隔地に住む優秀な人材の確保にも繋がるだろう。厚生労働省はテレワークのさらなる導入と定着を図るためとして、２０２１年3月に「テレワークに関する企業向けガイドライン」（指針）の改定を行った。労働時間管理やテレワークに関する就業規則を労使で協議して策定することなどが盛り込まれている。

テレワークはまさに労使にとってありがたい、コロナ禍の産物のようにすら見える。だが、果たしてこのまま「いいことだらけ」で進んでいくのだろうか？　外資系ＩＴ企業を例に考えてみたい。

テレワークの罠

由紀恵さん（53歳）は新卒で外資系ＩＴ企業Ａ社に入社後、30年が経つベテランエンジニアだ。コロナ第１波の２０２０年３月初めから現在まで在宅勤務が続いている。当初、由紀恵さんの勤める会社は、情報産業をリードする存在として率先してテレワーク推進を打ち出したというが、情報漏えいやコンピュータウイルス感染の恐れがあるとして、非正規は在宅不可だったという。その後、組合などからの要求があり、派遣社員を含め、パソコンが貸与される形で、約９割がテレワークに移行した。在宅の条件は９時から18時までの間連絡が取れる状態であること。

「昔、子育て中、早く帰宅するかわりに家に持ち帰って仕事をしていた時代がありました。夜中に資料を作って自宅のプリンターで出力したり……。完全なサービス残業だった。あのころに比べれば今回のテレワークは環境も整っていてありがたいという気持ちがありました」

ところがテレワークを始めて数カ月経つと、通勤している時より長時間拘束されているような感覚を持つようになったという。

「在宅だからいいだろうとお客様との会議が夜20時からセットされることもあって。お客様相手なので『勤務時間は○時から○時までです』と言いづらく、結果的に長時間労働になってしまうことが増えています」

特に若手エンジニアなど職位が低い人ほど、長時間労働に陥る傾向があるという。終業時間後はメールを見ないことになっていてもついつい見てしまい、客先に連絡したり、依頼に応じてしまう。しかしメールを勝手に見たのは自分なので残業は申請しづらい。テレワーク体制により、24時間、３６５日体制でエンドレスに仕事をしてしまうエンジニアも出てきているという。

その背景にはこの企業が導入している裁量労働制とジョブ型評価制がある。エンジニアをはじめとする技術職が裁量労働制とジョブ型評価制にシフトしたのは今から10年ほど前のことだ。裁量労働制においては、由紀恵さんなどのエンジニアにとって、業務の「稼働率」が重要な評価基準となる。稼働率が低い状態が続けば、リストラの対象になってしまう。

「稼働とは有料の仕事をした時に換算されます。たとえば、お客様のためにドキュメント（書類）を作成することは〝稼働〟ですが、研修を受ける、有給を取ることは〝非稼働〟となります。全労働時間に対して稼働がどれだけあったかによって稼働率が計算され、稼働率が低い社員は売上に貢献していないとみなされ、査定の時、低い評価になってしまうのです」

由紀恵さんの昨年の稼働率は94％。高い稼働率のように思われるが、ごく平均的な数値だという。稼働率が低ければ有給を取ることはできず、残業してでも稼働率を上げなければならなくなる。

この企業ではエンジニアに対してみずから公募してプロジェクトに入る、アサイン制をしいており、プロジェクトごとにメンバーが入れ替わる。

「一つのプロジェクトが終わると社内の募集サイトにログインして次の案件を探すことになります。就活生のようにこれまでの経歴をまとめたエントリーシートを送り、面談を受け、採用されなければならないのです」

2020年秋、由紀恵さんが関わっていたプロジェクトが終了した。早めに次を決め、待機期間に研修を受け、休暇を取るつもりでいたのだという。

「2週間ほどあれば次が決まると思っていたのですが、まったく決まらず、1カ月近く〝就活〟することになりました。10カ所くらいに応募したのではないでしょうか。この〝ベンチアサイン期間〟は稼働にならないので、長引くほど査定に響いてきます。だんだん焦ってきて、希望しない仕事や条件の良くない仕事に応募せざるを得なくなっていくのです」

一つの仕事が終わると必死になって次の仕事を探さなければならない――街中で次の配達を待つウーバーイーツのドライバーの姿と重なってしまうのは私だけだろうか。

〝ベンチアサイン〟を恐れるあまり固定化したメンバーで閉鎖的なグループをつくり、プロジェクトをまわそうとする人たちもいるという。

「採用の決定権があるＰＭ（プロジェクト・マネジャー）が力を持っていますから、少しでも優秀と思われたいと隠れて長時間労働するなど無謀な働き方をして、心身を壊してしまう人もいます」

特にテレワークが続く今、長時間労働の実態が見えづらくなっている。個人として査定される際は稼働率の高さが重要になってくるが、プロジェクト単位で考えると稼働率が高くなるほど、顧客の支払いが増えることになる。そのため、追加稼働（残業）が必要になった場合、顧客や上司の心証を良くしたいとサービス残業で済ませてしまう社員も少なくないのだという。

「残業代を請求することはもちろんできますが、残業が多いと仕事ができないやつということとになり、人事考課が悪くなったり、ＰＭから次のプロジェクトに呼んでもらえなくなることを恐れているんです。若手の中には厳しい競争社会の中で鍛えられると錯覚する人もいますが、心身をすり減らし、最新技術についていくことは容易なことではありません」

由紀恵さん自身、今回、次のプロジェクトがなかなか決まらなかったことについて技術面の問題をあげる。研修等で補っているものの、エンジニアに求められる技術は日々変化しており、新しい技術で育ってきた若手社員のほうが有利な場面も少なくない。しかしそれもいずれ古くなり、新たなライバルが出現する。まさに苛烈な弱肉強食の世界だ。

テレワーク×成果主義

この企業で40年以上働き、現在は嘱託職員となっている正志さん（63歳）は組合活動にも携わり、社員からのさまざまな相談に応じてきた。アサイン制が導入されて以来、社内がギスギスした雰囲気になり、離職率が上がり、メンタル疾患を抱える社員が増加していると正志さんは言う。特にテレワークと成果主義がセットになることの危うさを指摘する。

「実態が見えづらいテレワークで、成果を期待され、隠れて過重労働をしてしまう人も少なくありません。その結果、心身ともに追い詰められる社員が増えているのではないでしょうか。しかし出社して顔を合わせる機会もないため、互いの不調にすら気づかない」

労働時間での評価が見えづらくなったことを理由にジョブ型へ移行する企業が増え始めている。富士通や日立は２０２０年、一部従業員に対し、ジョブ型を導入し始めたことで話題になった。ジョブ型とは事前に職務内容を明確に定める雇用制度で、これまで曖昧だった仕事の範囲が明らかになり、働きやすくなるという側面もある。特に出勤せず、自宅などで個別に働くテレワークにおいては、職務を明確に定める必要性もあるだろう。こうした観点からも労働時間ではなく、定められた職務に対して評価を行うジョブ型雇用はテレワークと非常に相性がいいということができる。

一方でジョブ型が成果主義の温床になりやすいことは、由紀恵さんが勤める大手外資系ＩＴ企業Ａ社の例からも明らかだ。

ジョブ型という言葉を最初に用いたのは濱口桂一郎氏（労働政策研究・研修機構）である。ジョブ型では採用時に職務内容、勤務地、勤務時間など仕事の条件があらかじめ決定され、文書（ジョブ・ディスクリプション）化される。それはあくまでも「仕事の範囲」を示すものであって「評価基準」を示すものではない。しかし、現在多くの日本企業においてジョブ型制度は、職務を明確に定義した上で労働時間ではなく、仕事の成果で評価する成果主義として浸透しつつあるようだ。

Ａ社が採用するジョブ型制度でもあらかじめ職務内容を定めたジョブ・ディスクリプションをもとに成果を測った上で査定を行い、賃金やボーナスを決定する方法を取っている。

「ジョブ型を逆手に取り、『あなたのジョブはなくなりました』と退職勧奨やリストラを受けるケースが多数出ています。会社の都合で職務を改廃する際に必要となる配置転換や教育訓練などについても『あなたの能力が足りなかったせいだ』と自己責任のように扱われてしまうことがあるのです」（正志さん）

由紀恵さんも体調不良による長期休暇を取得し、稼働率が下がった際、上司からジョブ・ディスクリプションを提示され、「能力が足らない」「今後のキャリアをどう考えるのか」とジョブ型リストラを断行されそうになったことがあったという。

職務内容が明確で専門性が重視されるジョブ型は、キャリアを追求したい個人にとって魅力的な制度のように思われる。一方で仕事が個人に固定化されるため、その職務が必要なくなった場合、リストラの対象となりやすく、行き過ぎた成果主義による査定が行われるリスクもあるのだということを覚えておく必要があるだろう。

そしてジョブ型がさらに普及すれば、会社は正社員を採用せず、ジョブ単位での雇用契約、あるいは業務委託契約を個人と結ぶようになることも十分考えられる。個人事業主化すれば、企業側は社会保険料を削減でき、労務管理上の責任から逃れることが可能となる。

　実際、A社ではジョブ型制度に移行した際、エンジニアを含む技術系正社員等多くの職種を契約社員あるいは個人事業主に置き換える計画があった。組合等が強く反対したため、ジョブ型への移行のみで終わったが、事務部門などはすべて外部委託先が請け負うことになったのだという。

　テレワークの普及や政府の後押しなどもあり、副業や雇用によらない働き方への関心が高まっている。専門性の高い個人にとっては仕事の機会が増えるほか、キャリアアップや収益増に繋がる可能性もあるだろう。人生１００年時代を見越して一つの企業や仕事にしがみつくのではなく、複数のスキルを身につけ、柔軟にキャリアを変革させていくべきという考え方も理解できなくはない。

　こうした機運の中、電通やタニタなどの企業は希望する社員を個人事業主（フリーランス）化する制度を実施し始めている。電通は２０２１年から正社員の３％に相当する約２３０人を業務委託契約に切り替え、個人事業主化させる制度をスタートさせた。すぐに完全フリーランス化させるのではなく、希望者は退職した後、電通の子会社と業務委託契約を結ぶことで最大10年間は仕事の受注と一定の報酬を受け取ることができる仕組みだ。

一方、個人事業主化への動きは非正規社員などの立場においても起こり始めている。ウーバーに代表されるようなドライバーや配達人の個人事業主化をはじめ、事務や経理など契約社員や派遣社員が多く担ってきた仕事が、クラウドソーシングなどデジタルを活用することにより、個人請負化してきている。今後もこうした非雇用型のテレワーカーが増加していくことが想定される。

当初、コロナ禍により仕事を失ったフリーランスに対して何の保障もなかったことが問題となった。その後、持続化給付金という形で最大１００万円までの保障が受けられることになったのだが、雇用保険、労災保険など社会保障制度から外れたフリーランスの危うさが露呈した出来事だったといえる。雇用によらない働き方が増加する中、労災保険の特別加入制度の導入など、政府はしかるべき政策を早急に打っていく必要がある。

コロナ禍におけるテレワークの普及や副業人口の増加など、働き方改革関連法の想定すら超えて、働き方は急速に変化しつつある。テレワークを含めた新しい働き方のメリットのみならず、デメリットにも目をやり、ここ数十年にわたり広がってきた正規、非正規といった雇用形態による差別や格差を広げる方向に進まないようにしていかなければならない。

1　第２回 新型コロナウイルス感染症の影響下における生活意識・行動の変化に関する調査（内閣府）２０２０年12月24日

2　令和２年度 男女共同参画の視点からの新型コロナウイルス感染症拡大の影響等に関する調査（内閣府）２０２０年３月

第5章

孤立する女性たち

I　増える女性自殺者

〝男女平等〟と自殺の関係

２０２０年夏以降、自殺者数が増加している。警察庁の自殺統計によれば、1月～6月までの自殺者数は前年と比較して減少していたが、7～12月は前年を大きく上回った。中でも女性の増加率は顕著で10月には91％増と前年同月比でほぼ2倍になった。また若年層の自殺率も高く、２０２０年の小学生～高校生までの自殺者数は過去最多となり、特に女子高校生の自殺率が前年度比2倍と非常に高くなっている。

自殺対策基本法など、政府による積極的な対策もあり、２０１０年からは減少に転じ、毎年3万人を超えていた自殺者数は2万人ほどになっていた。一方、未成年や若者（15～34歳）の自殺は高止まりしており、若者の死因の１位が自殺という状況が続いている。特にこの1年、自殺が急増した背景には、新型コロナウイルス感染拡大の影響が考えられる。とりわけ女性の自殺者数が急増しているのはなぜか？

東京・新宿区で活動を続ける「東京自殺防止センター」は毎晩深夜2時半まで電話相談を受けている。特に２０２０年７月以降、芸能人の相次ぐ自殺に呼応するかのような、深刻な訴えが増えているという。東京自殺防止センター理事の村明子さんは電話口で20年以上、「死にたい」と訴える人たちの声に耳を傾けてきた。

「コロナでつらいという声が出始めたのは3月はじめごろだったと記憶しています。『夫からのモラハラや暴力に耐えられない』など、一斉休校や在宅勤務が増えた結果、家族が四六時中家にいることによるストレスを訴える人が増え始めました」

ステイホームによるＤＶや虐待の増加のみならず、家族と過ごすことによるストレスが人々のメンタルに影響を及ぼしていることがわかる。

厚生労働省指定法人「いのち支える自殺対策推進センター」は２０２０年７月以降自殺者数が急増している状況を受け、10月21日に緊急レポート「コロナ禍における自殺の動向に関する分析」を公表した。レポートではコロナ禍の自殺動向は例年と明らかに異なっており、女性の自殺があらゆる年代で増加傾向にあることなどが指摘されている。また「性別と同居人の有無」「性別と職の有無」についても分析。「同居人がいる女性」と「無職の女性」が全体の自殺死亡率を増加させていることを明らかにした。ステイホームが女性たちのメンタルに影響を及ぼしていること、さらには解雇、雇い止めなど雇用減の影響が女性に顕著に出ていることを裏付ける形だ。

「経済的に深刻な状態に直面している人が増えていると感じます。パート収入で家計を補助していた女性がコロナで仕事がなくなった結果、家庭内での力関係が変化し、家族から暴言や暴力を受けるようになったというケースもあります。『外で仕事をして家にお金を入れている人が偉い』というような価値観が強くなっているのでしょうか。専業主婦が当たり前だった時代に比べ、女性でも収入がないと家庭に居づらくなるような空気——新しいフィフティフィフティ（男女平等）のようなものが広がっていると感じることがあります」（村さん）

同様の話をＤＶ被害女性の支援をしている婦人相談員の人からも聞いた。「働かざる者食うべからずと毎日言われる」「パート収入がゼロで自由になるお金がなく外出すらままならない」など経済的ＤＶに近い扱いを受けている女性が増えているという。実際、コロナ禍が女性非正規社員へ与えた影響は甚大であり、失業やシフト減により多くの女性たちが収入を大幅に減らしている。女性の休業者比率は男性の3倍近くに達するなど、コロナ禍で働きたくても働けない状況があるのだが、家族の一員としてお金を入れることが当たり前という価値観の中、「働けない自分が悪い」とひたすら自分を責めてしまう。

経済的なゆとりのなさゆえか、〝男女平等〟意識の広まりなのか、家庭内においても収入や生産性が重視される風潮にあることが、女性たちを精神的に追い詰めているということができるのではないか。リーマンショックから10年ほどの間に男女の雇用状況にも変化があり、一家の稼ぎ手として男性のみならず、女性の重要性も増してきている。また単身女性の増加など女性世帯主の割合が高くなっていることも、コロナ禍における女性の苦境が増していることと無関係ではない。

２０２０年７月、俳優の三浦春馬さんの自殺が報じられた直後から、自殺防止センターにはその死に関連する相談が相次いだ。

「ここにかけてくる人の7割近くは、強い自殺念慮があります。自殺未遂の経験がある人も多いのですが、彼らは死ぬことがある意味で〝目標〟になっていて、今の自分を〝死に損なった状態〟であると感じています。有名人が自分と同じ悩みを抱えていたのだと思い込み、その死は身近な知人が亡くなったのと同様の強いインパクトをもって受け止められるのです」

有名人が自殺し報道が過熱することによって自殺者が増える現象は、ゲーテの『若きウェルテルの悩み』に触発された若者たちが死を選んだことになぞらえ、「ウェルテル効果」と呼ばれている。しかし自殺した芸能人のファンだった人が死を選ぶということではなく、男女問わず、もともと死にたいと考えていた人が、有名人の自殺に背中を押されるようにして死を選んでいる可能性が高いのだと村さんはいう。

また過剰な報道が自殺者数の増加に影響を及ぼすとして、多くのメディアで自殺に関する詳細な描写を控える、相談ダイヤル等支援機関の情報を掲載するといった動きがみられた。

〝井戸端会議〟の消滅

女性の自死が増えていることについては、ステイホームによるＤＶの増加、失業や経済的影響、著名人の自殺などに加え、人との接触が極端に減ったことにも影響していると村さんは分析する。自殺防止センターはその名が示すとおり、自殺念慮が高い人が利用するケースが多い。４月以降、そうした緊急度が高い人からの相談が増えている一方、他愛もない話をするためにかけてくる人も増加しているのだという。

「一通りお話をうかがった後、どうしてかけてこられたのか尋ねると『もうずっと誰とも話していないから』と答えるのです。一人暮らしで仕事をしていない人はコロナ禍で誰とも会わず、孤独の中で生きているのだと痛感しました。私自身を振り返っても誰かと雑談する機会が極端に減っていると感じています。友達に会いたくてもそれなりの理由がないと会ってはいけない気がする。どこで会うのか、食事するかお茶だけにするのかなど互いに気をつかってしまって、結局コロナが収束してから……というふうになったりするんですね。雑談でも何でも誰かと話していれば、ストレス発散になるし、互いの不調にも気づきやすい。そんな場が失われたことが女性のメンタルに及ぼしている影響はとても大きいと感じています」

女性の自殺者数が男性に比べて少ない背景には、愚痴を含めて外に発信する女性の〝おしゃべり力〟をあげる専門家も少なくない。コロナ禍においてそうした場が失われていることが女性の自殺率を高めているというのだ。

精神科医の松本俊彦さん（国立精神・神経医療研究センター薬物依存研究部）の外来診察にも5月ごろから若い女性が訪れるケースが増えているという。

「過量服薬やリストカットが増え、死にたいと訴える患者さんが出てきています。若い女性は販売や飲食などのサービス業に就いている割合が高く、コロナの影響で仕事が減るなど、経済的に困窮している人もいます。患者さんの中には厳しい家庭環境で育った人もいて、一日も早く独り立ちしようと家を出ますが、若い女性が安定した収入を得られる仕事はなかなかありません。その結果、コロナによるダメージが大きかった水商売や風俗など、いわゆる夜の街で働いている人も多く、経済的にも精神的にも追い詰められているのです」

松本さんによれば、「死にたい」と感じる理由は男女では大きく異なっている。男性は仕事がうまくいかない、お金がないなど外面的な要因であることが多いのに対し、女性は身近な人との人間関係がうまくいかないなど、内面的な要因であることが多いという。

「緊急事態宣言後、ステイホームが続く中、まさに家庭内が〝密〟になりました。一日中夫や子どもがいる生活が続き、一人になる時間がなく、生活のリズムが崩れてしまう。もともとうつ気味だったけれど、日常を何とかやり過ごしていた人にとっては深刻な状態です。『主婦なんだから家事をして当たり前』『稼いでいないくせに』と言われる中で自信を失い、精神的に追い詰められる人が出てきているのではないでしょうか。人間というのは、家族など関係性が近すぎる人には悩みを打ち明けづらいところがあります。友人とちょっとしたおしゃべりをすることがストレス解消になっていた人も多く、コロナ禍でそうした場が失われた影響は大きいと感じています」

男性の自殺率が高い理由としては他人に助けを求めない、外に向かって気持ちを発信する機会がないなどの理由があげられることが多いが、コロナ禍においてこれまで比較的他人との関係性の中でストレスを解消してきた女性たちも男性同様の状況に追い込まれつつあるということができるのかもしれない。

女性の自殺率が上昇しているという話をしてきたが、依然として男性の自殺者数が女性を上回る状況は変わっていない。前述の「いのち支える自殺対策推進センター」によるレポートでは、「住宅確保給付金」や「緊急小口資金」等、コロナ禍における政府の緊急経済施策が自殺の増加を抑えていると分析されている。経済的な理由で死を選ぶ人が増えないよう、現金給付を含む具体的な対策が望まれる。

一方、コロナ禍で仕事を失ったり、ステイホームの影響で家庭内に閉じ込められる形で精神的に追い詰められている女性たちにはどのような支援が必要なのだろうか？

夫からの暴力など深刻な状態にあるのならば、相談機関に繋がり、シェルターや婦人保護施設に逃れる方法があるだろう。しかし実際には子どものことなどを考え、踏み切れない人も少なくない。また未成年者や実家に暮らす未婚女性の中にも、家族との折り合いが悪く、家を出たいと切実に思っているものの、一人暮らしが可能な賃金を得られる仕事がないため、諦めてしまっている人もいる。それでも家を出た女性たちは、ブラック企業でも望まない風俗でも働かざるを得ず、さらに精神的に追い詰められていく。

「外来でも先の保証が何もない、非常に不安定な労働形態の中、搾取されるようにして働く若者たちをたくさん診てきました。コロナによってもともと困難だった人たちが抱える問題が浮かび上がってきていると感じています。自殺防止への取り組みは重要ですが、もっと根本的な問題を解決していく必要があるでしょう」と松本さんは語る。

　女性活躍が推進され、女性の就労率は高まっている。しかし実際に増加したのは非正規雇用であり、家を出れば貧困と隣り合わせの状況が待っているのが現実だ。家庭内に隠されたハラスメント、非正規雇用の危うさ、貧困の連鎖など、女性を取り巻く構造的問題を変えていくことの重要性をあらためて感じる。

Ⅱ　孤立する氷河期世代

負のループを繰り返して

　コロナ禍でほとんど人に会わず、ステイホームを続けるうちに精神的不調を来たしたという話をたびたび耳にする。特に一人暮らしの人、無職の人などは孤立しがちである場合が少なくない。

　美和子さん（41歳）もその一人だ。コロナ禍直前まで年金事務所の契約職員として働いていたが、２０２０年3月に契約が切れた。すぐに次の仕事を探すつもりでいたものの、緊急事態宣言下で外出すらままならない。

「慌てても仕方がないので失業保険と正社員時代に貯めた貯金で過ごそうと決めました。でもそのことがかえって不調を招いてしまったのかもしれません」

　人に会ったり、出歩いたりできる期間ならば自由な時間を楽しめたのかもしれないが、誰にも会わず、一人暮らしの家にひきこもる日々の中、美和子さんは精神的に追い詰められていったという。コロナのせいなのか、精神的なものなのか、外出することが極度に怖くなり、家から一歩も出られない状態が続くようになっていった。

美和子さんは大学卒業後、地方の情報誌の記者として15年近く勤務してきた。薄給で休日出勤も当たり前の職場だったというが、仕事は面白く、やりがいを感じていた。

「でも38歳の頃、異動してきた上司とうまくいかず、夜眠れなくなってしまって。心療内科を受診したりもしましたが、状態は改善されず……。ところが仕事をやめたとたん、ぐっすり眠れるようになったのですから不思議です」

好きだった仕事を辞めたことは悔しかったけれど、新しい一歩を踏み出すきっかけと前向きに考えた美和子さん。婚約者がいる東京で新たな道を探すことにした。しかし望む仕事はなかなか見つからず、婚約者との関係も悪くなり、距離を置くことになったのだという。

「精神的な不調はこのころから始まっていました。長時間働く自信がなかったので年金事務所を選んだのですが、非正規でも1年間働き続けられたことは小さな自信になっていたんです」

そんな時に襲ったのがコロナ禍だった。

「たった一人で家にいると時間が無限にあるせいか、過去を振り返って深く落ち込んでしまうんです。学生時代から将来は家庭と仕事を両立させる人になりたいと思っていました。でも気がつけば仕事ばかりで——。今はその仕事すらないことがものすごく虚しくて。『あの時こうしておけばよかった』と過去ばかり振り返り、負のループに陥ってしまうようになって、リビングの机に座ったままボーッとして何も手につかない状態になりました」

人間多かれ少なかれ、過去のつらい経験や「あの時こうしておけばよかった」という後悔があるのではないか。しかし日々の生活に忙殺されていると、過去を振り返る余裕はないものだ。コロナ禍で期せずして時間ができ、一人家にひきこもるうちに、悩みを深め、そこから抜け出せなくなってしまったと美和子さんは振り返る。

「そんな時、偶然手にしたチラシで知ったのが、自治体の女性センターがやっているカウンセリング事業でした。『コロナ禍で心の不調を抱える人のために枠を増やしています』とあって、こういうものはＤＶ被害に遭っている人とか深刻な事情がある人でないと利用してはいけないと思っていたのですが、その言葉に背中を押され、カウンセリングを受けてみることにしたんです。そうしたらそれがとても良かった。『悩みに大きいも小さいもない。どんな些細なことも大切なことだから、遠慮せずに話してください』と言っていただいて、心が軽くなりました」

カウンセリングを機に気持ちが安定し、少しずつだが外出もできるようになったという美和子さん。コロナ禍を経て、自分の悩みと向き合い、それと付き合う術を見つけられたのかもしれない。

「失業給付もあと数カ月で終わります。また仕事を探さなければと思っていますが、まだ通勤はしんどいと感じるので、在宅やリモートワークの広がりに期待したい気持ちもあります」

「生きづらさ」をテーマに集うカフェ

横浜スタジアムや横浜中華街からほど近いところにあるＹカフェパーショ。ガパオライスやグリーンカレーなどのランチを提供し、近隣のオフィスに勤める人などの憩いの場となっている。このカフェは公益財団法人横浜ＹＷＣＡが働きづらさや生きづらさを抱える女性が就労実習することを目的に運営するカフェである。実習生にはひきこもりや無業の若者を支援する地域若者サポートステーション（サポステ）など公的機関の紹介経由で訪れる人に加え、ＨＰ等でカフェの存在を知り、働きたいとやってくる人もいる。

Ｙカフェパーショのスタッフで精神保健福祉士の平澤由比さん（29歳）は最初の緊急事態

横浜にあるＹカフェパーショ

宣言が発令され、カフェ休業を余儀なくされた際、大きな不安を持っていた。

「実習生にとってはこのカフェが、社会と繋がる唯一の場という人もいます。家族との関係に問題があり、家にいることに強いストレスと不安を感じる人も少なくありません。日中カフェに来ることで精神的安定を保っている人もいたので、彼女たちのことがとても気がかりでした」

　しかし周囲の飲食店が閉まる中、Ｙカフェパーショだけ開けるわけにはいかない。そこで平澤さんが事務所に待機して電話相談に応じられるようにしたほか、メールマガジンを発行するなど、実習生と欠かさずコンタクトを取ることを心がけたという。

「Yカフェパーショ卒業後に決まっていた就職の話がコロナ禍で白紙に戻ってしまった人や折り合いが悪い兄弟がリモートワークになり、自宅が修羅場になっている人もいました。カフェ営業はできないけれど、実習生のために安心できる居場所を作らなければということになったのです」

　感染対策をした上でカフェスペースを実習生のために開放し、本を読んだり、話したり、お茶を飲んだりとそれぞれのペースで過ごせるようにしたところ、想定を超える多くの実習生が集まった。実習生の保護者が訪れるケースもあり、ステイホームが続く中、家にいることがしんどいと感じる人がこんなに多いのだと驚かされたという。

「心身の状態が優れない人はむしろ緊急事態が明けたころから多くなりました。休校していた学校が開き、お店が営業を再開し始め、止まった状態だった人の動きが元に戻り始めた時期と重なります。コロナ禍で社会がペースを落とし、近いところまで来たけれど、また再び離れていくような感じ。学校、職場と皆が戻っていく中、一人取り残されるような感覚があったのではないでしょうか」と平澤さんは振り返る。

　もう一つ、コロナ禍での変化は、ボランティア希望者が増えたことだという。

「実習生とは別にカフェを手伝ってくださるボランティアを探していたのですが、『生きづらさ』という言葉が響いたと問い合わせてこられる方が増えています」

コロナ禍で一人暮らしに不安を感じている、人と話す機会が減りストレスを抱えている、普通の職場で働く自信がないなど、さまざまな悩みや困難を感じる人たちが〝生きづらさ〟をキーワードにして集い始めている。

「生きづらさを抱えている人でも働ける、安心安全な場所と思われる方が多いのかもしれません。実習生のみならず、ボランティアの人を含め、女性の居場所としてこの小さな場所が広がっていくことを願っています」

自立を目前にして

「誰とも会わず、ひとりぼっちで家にいると『自分は世の中から忘れ去られたまま死んでいくのかもしれない』という絶望的な気持ちになるんです。テレビをつければコロナ関連のニュースばかり。不安になるから観ないようにと思ってもついつい観ては落ち込んでしまう。短期バイトが決まるまでの間は本当にしんどい毎日でした」と話すのは茜さん（39歳）だ。

「経済的にゆとりのある家庭で育ったわけではない」と話す茜さんは「自立するためには手に職をつけることが大切」と考え、専門学校で栄養士の資格を取得。しかし就職氷河期真っ只中で、卒業後は病院の厨房で働く非正規の栄養士の仕事しか見つからなかったという。
「当時は時給が８６０円で、８時間働いても月の手取りは11万円くらいにしかならない。自立にはほど遠いと思ったので、働きながらさらに調理師の資格を取り、民間企業へ転職することができました。年収も４００万円に上がり、専門性を活かすことができる仕事にやりがいを感じていたのですが、とにかく忙しい職場で、土曜も出勤で月に６日ほどしか休みがない。今でもなんで辞めてしまったのだろうと後悔する気持ちがあります。でもあのころはまだ若く、他の仕事も経験してみたいと転職活動をし、保育園の調理師として働きはじめました」

ところがこの職場で60代の調理師から、鍋をはじめすべての調理器具をピカピカに磨き上げるまで帰宅させないなど、執拗なパワハラを受ける。生真面目な性格の茜さんはその要求に必死に応えようとするうちに自信を失い、うつ病を発症。それから今日まで10年ほどは、母親の介護もあり、実家でひきこもりがちな生活を送ることになる。日雇い派遣の会社に登録し、お菓子工場の作業員やイベント会場の売り子として働くことはあっても、毎日同じ場所に出勤し、同じメンバーと仕事をすることに対する恐怖心が強く、就職活動には踏み出せなかったという。

「2年前にこのままではいけないと一念発起してサポステへ相談に訪れました。働くための準備運動ができていないという思いが強かったので、就労体験プログラムやボランティアなどに複数参加した後、短時間のアルバイトからはじめ、念願の一人暮らしをスタートさせました」

コロナ禍の直前の２０２０年1月から3カ月間、アマゾンの倉庫で1日9時間、週3日働くことになった。

「1日も休まずに3カ月を終えることができ、大きな自信になりました。就活をして、4月から開業する大規模商業施設の催事スタッフとして採用されたのです」

しかしその後巻き起こるコロナウイルス感染拡大により、イベントや催事はすべてキャンセル。茜さんの採用も取り消されてしまったのだという。以前やっていた日雇い派遣の仕事を探してみたが、コロナ禍で失業した人が多く、どこも競争率が高くあぶれてしまった。

「コロナに対する不安と先の見えない状況に落ち込んでしまいました。就活をする際にお世話になったサポステに相談したかったのですが、緊急事態宣言下はオンライン（Ｚｏｏｍ）での相談のみで、インターネット環境がない私は連絡することすらできません。せめてインターネットに繋がっていればここまで孤独を感じることはなかったのかもしれません。皆が

Ｚｏｏｍを使う中、自分だけ取り残されている感覚がありました。

ＩＴ全般に苦手意識があるという茜さんはスマホを所持しておらず、持っているパソコンも古いものでインターネットに繋ぐことはできない。また月6万円ほどの家賃を払うことで精一杯という彼女にとってＷｉ‐Ｆｉや新しいパソコンを準備することは困難だ。

茜さんはじめ、40代以上の就職氷河期世代にあたる人たちは、会社でパソコン操作を学んだという人が多い。そのため就労経験が乏しかったり、ひきこもり経験が長い人の中には、パソコンやＩＴに苦手意識を持つ人もいる。経済的理由からパソコンやスマホを持てないという人も少なくないはずだ。サポステはそうした状況を周知しているはずなのだが、緊急事態宣言下、相談をオンラインに限定してしまうといった対応は問題があると感じざるを得ない。

「外出しないと頭がおかしくなりそうだったので、毎日スーパーに出かけていたのですが、メディアで盛んに『買い物は数日に一度まとめてするように』と言われる中、近所から白い目で見られるんじゃないかと怖くなったり。完全な被害妄想なんですけど、本当に精神的に参ってしまっていました」

そんな状況の中、茜さんが藁をもすがる気持ちでたどり着いたのが、前述のＹカフェパーショだった。

「以前サポステの紹介で就労体験をしたことがあったのです。連絡したらコロナ禍でもオープンしているということだったので、ボランティアでいいから働かせて欲しいとお願いしました」

２カ月ほどボランティアとして働いた後、11月からは派遣に登録し、行政のコロナ関連の助成金受付のアルバイトに採用された。

「９時～18時まで、週５日勤務の仕事ですが、現在までのところ問題なく通えています。でもこの仕事も半年で契約が満了するため、その先を考えると不安です。でもまずは目の前の仕事をきちんとやることが大切、焦ってはダメと自分に言い聞かせています」

足りないシングル女性支援

ここまで見てきたように、女性たちが精神的に苦境に立たされている背景には、コロナ禍により、家族以外の人との繋がりが希薄になってしまったことがある。家族との関係がうまくいっていない人はさらに追い詰められ、一人暮らしかつ無職で他人との交わりがほとんどない人はさらに孤立していく。

コロナ禍では仕事と子育ての板挟みに苦しむシングルマザーや生理用品すら買う余裕がない「生理の貧困」という言葉が象徴するような若年層の状況についてはメディア等で取り上げられてきた。その結果、十分とはいえないが、シングルマザーや大学生への食料配布や行政による生理用品の配布など支援への動きも出てきている。

一方、中高年齢層の単身女性の状況についてはほとんど取り上げられることがない。背景には当事者が沈黙しているという事情もあるだろう。しかしコロナ禍で仕事減、収入減に追い込まれた非正規雇用の女性の中には一人暮らしのシングル女性もおり、経済的に困難な状況に陥っている人も少なくない。先ほど紹介した美和子さんや茜さんは就職氷河期世代だが、この世代の非正規雇用率、貧困率はコロナ禍以前から高かった。就職氷河期世代はもはや中年層になっていることからも中高年齢層にも着目していく必要がある。

横浜市は不可視化されがちなシングル女性の支援に取り組んだ数少ない自治体の一つだ。同市が就職氷河期支援事業の一環として非正規シングル女性（141人）に対して実施した調査[1]では、「コロナ禍で労働時間が減った」（23・4％）、「月給が減った」（17・7％）、「休業を命じられた」（8・5％）と約4人に1人程度が仕事においてコロナ禍の影響を受けていることが明らかになった。

こうした状況を踏まえ、横浜市では、横浜市男女共同参画推進協会と横浜市社会福祉協議会が連携し、2021年3月に「経済的に困窮している市内在住の一人暮らしの女性」におこめ券（5キロ）を配布する取り組みを実施。LINE等で広報したところ、1000人分のおこめ券はまたたく間に底をついた。またおこめ券とともに仕事や暮らしのセーフティネットに関する情報などを載せた『〝もしも〟のための情報ガイド』を配布した。

「一人暮らしの女性の貧困率は非常に高いのですが、支援制度の対象になりにくいことがわかっています。特にコロナの影響で経済的に困窮する女性が増えています。地域との繋がりが薄く、孤立しがちな一人暮らしの女性たちが地域資源に繋がるきっかけになれば」と今回の企画に関わった横浜市男女共同参画推進協会の植野ルナさんは話す。

おこめ券の配布は郵送がメイン（一部手渡し）で行われ、申込時に「困っていること」について記述してもらっている。そこには「シフト減等による収入の減少」「在宅時間が増えたことによる生活費の増加」のほか、「収入減を補うため食事の回数を減らしている」「病院にいきたいが節約のため我慢している」といった深刻なものも記述されていた。また「コロナウイルスや健康面の不安」や「メンタル面での落ち込み」「話し相手や相談できる相手がいない」といった声もあった。

また今回の事業については、「単身の女性は行政の支援からいつも取り残されている気がしていたので嬉しい」「応援してもらえたと感じて、気持ちが温かくなった」など、常に支援の対象外で存在しないものとして扱われることが多いシングル女性にとって貴重な機会になったことがうかがえる回答が多数を占めた。

前述した美和子さんと茜さんは、ともに就職氷河期の中、苦労しながらも就職し、自立して生きてきた女性たちである。しかし職場での人間関係やパワハラなどによって退職した後、未だ仕事に復帰できずにいる。

政府は２０１９年、就職氷河期世代を対象とした支援事業を２０２０年〜22年度の間に実施することを発表。全国で就職氷河期世代に特化した求人の募集、非正規雇用やひきこもり状態にある人の就労支援を含む、幅広いプログラムが用意された。しかし事業が本格化するはずだった２０２０年度初め、日本はコロナ禍に見舞われた。

就職氷河期世代は、本当にどこまで不運続きなのだろう。実際コロナの影響により、就職氷河期支援事業の縮小や延期等がどれくらい出ているのか定かではない。しかしコロナ禍で就職活動に苦戦する学生も増え始め、失業や廃業に追い込まれる人も出てくる中、もはや氷河期世代支援どころではなくなってしまっているのも事実だ。

そもそも政府による支援プログラムが不利を積み重ねてきた氷河期世代にとってどこまで有効なのかわからない。就職するチャンスが新卒時に集中する新規学卒一括採用や一度レールから外れると元の場所に戻ることを困難にさせる年功序列といった、未だ多くの企業に残る慣行を変えていくことも重要であるだろう。子育てなどで一度仕事を辞めた女性が正社員に戻れない問題も再チャレンジできない日本社会の状況を反映している。いつでもどんな時でも再チャレンジできる社会はすべての人にとって生きやすい社会であるはずだ。

コロナ禍で、非正規雇用率や貧困率が高い氷河期世代の状況はさらに悪化していることが予想される。一瞬だけ光がさしたかに見えた就職氷河期世代がこれ以上苦境に立たされることがないよう、政府による支援事業の成果を含め、今後の動向にも注目していきたい。

1　横浜市『令和2年度横浜市就職氷河期世代非正規職シングル女性の就労支援に向けた調査及び事業開発報告書』（2021年3月）

Ⅲ　高齢おひとりさま女性の貧困

２人に１人が貧困

単身女性の貧困率が高いことは繰り返し述べてきたが、すべての世代において最も貧困率が高い世帯は、65歳以上の高齢単身（ひとり暮らし）女性である（図９）。20～64歳の単身女性（ひとり暮らし）の貧困率は24・5％と４人に１人が貧困だが、65歳以上になると46・1％と約２人に１人が貧困という状態にまで跳ね上がる。[1] ２０１５年国勢調査によれば、高齢でひとり暮らしをしているのは、男性約１９０万人、女性約４００万人。すなわち約２００万人の高齢おひとりさま女性が貧困状態ということになる。高齢おひとりさま女性とは、夫と死別した人、独身で通した人、離婚経験がある人などさまざまだが、彼女たちの貧困は今に始まったことではない。しかし少ない年金でつつましく生活している人が多いためか、その苦境が表に出ることはほとんどなかった。

そんな中、２０２０年11月に東京・幡ヶ谷で64歳のホームレス状態にあった女性が夜を明

図９　性別・年齢別相対的貧困率（2018年）

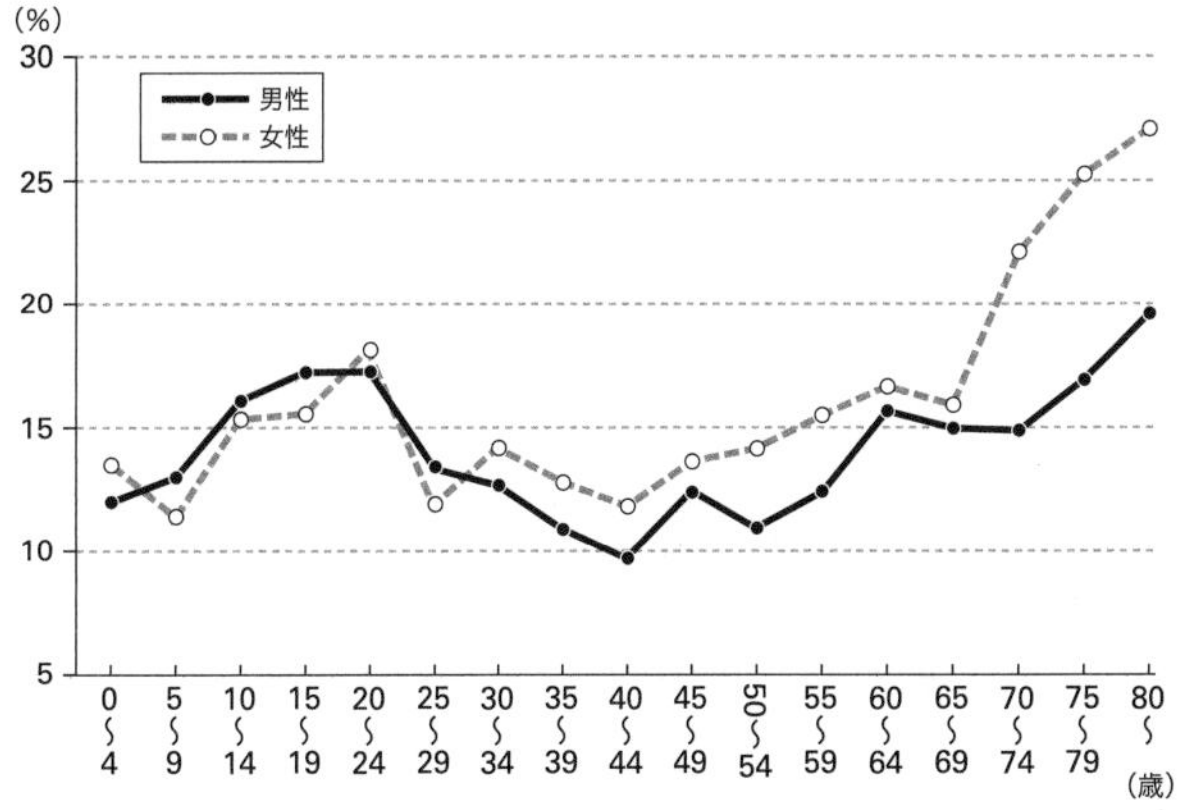

出所：阿部彩 (2021)「日本の相対的貧困率の動向：2019年国民生活基礎調査を用いて」科学研究費 助成事業 (科学研究費補助金) (基盤研究 (B))「『貧困学』のフロンティアを構築する研究」報告書

かしていたバス停で殴り殺されるという事件が発生した。20代で夫と離婚後、スーパーの販売員などを続けながら長年ひとり暮らしをしてきたが、コロナによる自粛の影響で販売の仕事を失い、ホームレス状態となっていたことが、その後の報道などでわかってきた。このあまりにも痛ましい出来事によって高齢おひとりさま女性が直面する貧困や孤立の問題がほんの一瞬だけ可視化された。

　コロナ禍による収入減や人との接触が減ったことによる孤立化など、亡くなった女性と同様の問題に直面する高齢女性も少なくないはずだが、国による実態把握や支援等に結びつくことは残念ながらなかった。

コロナウイルスは、高齢者が感染すると重症化するリスクが高いことも、困難な状況に拍車をかけている。感染が拡大し、テレワークや時差通勤に切り替える人が増える中でも、人が減ったオフィスや商業施設で、警備や清掃などに従事する高齢者を見かけることがある。

日本は65歳以上の高齢者の就労率が非常に高い国だ。高齢者の就労率が3〜4％にとどまるイタリアやフランスとの間では10倍ほどの開きがあり、高齢になるほど、その傾向は顕著である。「高齢社会白書」（２０２０年版）によれば、65歳〜69歳の48％、70歳〜74歳の32％が就労しており、労働力人口に占める65歳以上の割合は年々増加。２０２１年４月には「改正高年齢者雇用安定法」が施行され、企業が高齢者の継続雇用や就業機会を確保しなければならない年齢は65歳から70歳にまで引き上げられた。現段階では企業の努力義務に留まっているが、今後も働く高齢者は増え、70歳定年という時代が目前に迫っている感がある。

もちろん就業継続が高齢者にとって生きがいとなっており、現役世代にとっても〝ベテラン〟の存在は貴重な場合もあるだろう。しかし、〝生涯現役〟で働きたいという人がいる一方で年金だけでは生活が立ちゆかず、健康面での不安やリスクがあっても働かざるを得ない高齢者が少なくないことも把握しておく必要がある。

特にコロナ禍では、重症化リスクが高い高齢者こそ、優先してテレワークに切り替えるべきだが、実際は高齢者がエッセンシャルワークに従事する比率は高く、まさに社会インフラの一部となっており、彼ら・彼女らがいなければまわっていかないところにまで来ているのが現状だ。また在宅勤務可能な職種であっても、ＩＴに馴染みが薄く、出勤を希望する高齢者が多いという事実もある。在宅勤務が難しい職種ならば、休業手当等の所得保障をし、リスクが高い高齢者に優先的に休んでもらうのが理想なのだろうが、実際には高齢を理由に解雇や雇い止めに遭うことを恐れ、休業を申し出ることすらできない状況があるという。

不条理な年金格差

京子さん（75歳）は保育士として週3日保育園に勤務している。保育士歴50年、現在の園でも15年以上働いている京子さんは、インフルエンザや体調を崩した子どもの扱いにも慣れており、コロナウイルス対応によって負担が増えたとは特に感じていないという。京子さんは40年以上厚生年金に加入してきたものの、賃金が低かったため、現在受け取れる年金額は月10万円に満たない。保育士としての賃金が途絶えると切り詰めた生活を強いられることになる。

「この年まで働き続けてきたのは収入のこともありますが、それ以上に働きがいや生きがいの部分が大きい。保育園くらいの小さな子どもたちは、実際にやってみないとわからないことが多いんです。たとえば縄跳びをするなら一緒に飛ばないとダメでしょう。今、私は妊娠中の保育士と組んでいるので、彼女の分も子どもたちと飛んだり跳ねたりしているんですよ」と笑う。

　定時制高校に通い、働きながら資格を取ったという京子さんにとって、保育士はまさに天職なのだろう。そんな京子さんが今不安なのは、もし〝人生最後〟と決めていた今の仕事を辞めざるを得なくなった場合、次の就職先を見つけることは年齢的にもほぼ不可能だということだ。

　フルタイム勤務で、40年以上厚生年金に加入していたにもかかわらず、介護保険料等を差し引いた京子さんの年金額が月10万円に満たないことに驚かれるかもしれない。しかし厚生年金は現役時代の報酬に比例するため、給与が低い女性の年金額が低いのは当然であるともいえる。男女別の老齢厚生年金（基礎年金部分含む）の受給額は男性17万１３０５円、女性10万８８１３円であり、[2] 女性にとって厚生年金が10万円というのは決して低いわけではないことがわかる。確かに単身世帯でなければ夫婦でそれぞれが受け取る年金を合わせて生活することは可能だが、単身で10万円というのは実に心もとない金額である。

単身女性の年金額が男性に比べて低いのは、賃金格差に加え、現在の社会保険制度が標準モデル世帯（サラリーマンと専業主婦）を想定して作られてきたことによる。現役時代の賃金格差やシングルという家族形態であることが、老後の人生すらも決定づけることの不条理を感じざるを得ない。

幡ヶ谷で亡くなったホームレス女性は64歳だったので、あと1年経たずに年金を受給できたはずだ。60歳まで繰り下げて受給することも可能なのだが、仕組みを知らなかったのか、あと1年と思って耐えていたのか。あるいは長年働いていても厚生年金に入ることができなかったことも考えられるが、今となっては知る由もない。しかし標準世帯を基準とした年金制度は、高齢おひとりさまにとって老後の生活を支えてくれるものとなっていないことだけは事実だろう。

中高年齢層のシングル女性の当事者団体である「わくわくシニアシングルズ」では、２０１６年に50歳以上の単身女性５３０人に対して、アンケート調査を行った。高齢シングル層の厳しい状況が次々と明らかになったのだが、まず驚かされるのが、年金受給額の少なさだ。年金受給者（１４５人）のうち、「月額５～10万円未満」が40％と最も多く、「月額５万円未満」も８％いる。「月額15万円以上」は23％にとどまっている。

就労率は65歳以上で51%。その大半が非正規雇用であった。「いつまで働くか？」という質問には「働ける限りはいつまでも」と答えた人が69%に上っている。ちなみに内閣府の高齢者に対する意識調査では「働ける限りはいつまでも」と答えたのは29%である。[3] こうした結果から見えてくるのは、低年金を少しでもカバーするため、身体が続く限りは働かざるを得ないという現実である。

子どもが巣立った後のシングルマザーが苦境に立たされる場合も少なくない。子どもが18歳までの間は児童扶養手当などを受けることができるのだが、それ以降は一人でやっていくしかない。「子どもに手がかからなくなったのだから働けばいい」と思うかもしれないが、すでに大半のシングルマザーは働いている。しかもその多くがパートなどの非正規雇用である。中高年女性向けの正規雇用の求人は非常に少なく、パートで働く時間を多少増やしても収入が大きくアップするとは考えにくい。

公子さん（73歳）さんは、大学職員等の仕事をフルタイムでこなしながら、ひとりで子どもを育ててきた。42年間年金に加入し、うち35年間は厚生年金に加入してきたが、非正規雇用期間が長く、賃金が低かったことから年金額はやはり10万円程度であるという。足らない年金を補うため、公子さんは今でも週4日派遣で働き、副業としてアルバイトもしている。

ワンオペで仕事と子育てを担い、ようやく子どもが手を離れホッとしたのもつかの間、今度は自分自身の経済問題が立ちはだかるのだ。

老後も働かなければならない理不尽

前述した数少ない中高年シングル女性の当事者団体わくわくシニアシングルズは調査や書籍の出版など、これまで活発な活動を続けてきた。しかし年齢的なこともあり、コロナ禍で苦境に立たされているメンバーが増えていると同代表の大矢さよ子さん（71歳）は言う。

「以前は最低でも月に一度は集まって近況報告をし、食事や温泉に出かけることもありました。しかし感染が拡大してからは直接会うことはできないので、オンライン（Ｚｏｏｍ）によるおしゃべり会を始めたほか、以前から活用している会員間のメーリングリストで情報交換するなどの活動を続けています。しかしメールなら問題ないのですが、オンラインおしゃべり会となるとＷｉ‐Ｆｉ環境がなく参加が難しいという人もいます。オンラインが使えないことで孤立してしまう人が出ることは気がかりですが、今の状況ではいかんともしがたく、活動の難しさを感じています」

特に高齢者はコロナ禍が長引く中、ひきこもりがちな生活が続くことで、健康や認知機能の衰えなど、さまざまな問題が現れてくる人も少なくない。大矢さん自身も数年前に病を患ったが、今は回復。経理の仕事を細々と続けながら、自宅近くに借りている家庭農園で野菜を育てることが、コロナ禍で一番のリラックスになっているという。

「私は家にいることが苦にならないタイプなのですが、友だちと出かけるのが好きな人、外で活発に活動してきた人ほど、ステイホームによるダメージが大きいように感じています」

またコロナ禍によるリスクを避け、仕事を辞めたり減らしたりしたという人は大矢さんの周囲にはいないという。

「非正規雇用が多いせいか、コロナ禍で在宅勤務に切り替わったという話もほとんど聞きません。コロナを理由に契約を切られたため、新たな職場を探しているという人はいます。この先収入が増える可能性はほぼゼロに近い高齢者にとって、お金に関する不安は非常に大きいものです。だから身体が動くうちに少しでも多く稼いでおかなければと考えるのは自然なことでしょう。皆さん自分からは辞めません。収入が途絶える不安があまりに強いので、コロナの重症化リスクには目をつぶって仕事を続けざるを得ないというのが本音ではないでしょうか」

何より理不尽だと感じるのは、一部の高齢者には老後の生き方に〝選択肢〟がないということだ。「私自身もそうですが、シングルで生きてきた女性にとって就労はごく日常の当たり前のことなんです。これまでずっと働いてきたのでそれを苦に感じることはありません。でも十分な年金を得られないため、身体に鞭《むち》打ってでも働かざるを得ないのだとしたら、それは非常につらいことです」

生活保護を受給する高齢単身世帯も増加の一途をたどっているが、それでも受給をためらう人が少なくないと大矢さんは感じている。

「生活保護を受けることを〝恥〟と考える人が多い世代ではないかと思います。生活保護の使い勝手の悪さも問題です。生活保護を受給する際は預貯金はもちろん生命保険などもすべて解約しなければなりませんが、周囲に迷惑をかけないよう、せめて葬式代だけでも出せるようにと低額の保険に加入している高齢者も多いはずです。また生活保護の基準額に合う賃貸住宅に転居しなければならない問題もあります。高齢者にとっては引っ越しをするだけでも一大事ですし、長年住み慣れた家を離れたくないと考えるのは当然のことだと思います」

高齢おひとりさま女性が直面している問題は決して他人事ではなく、若い世代の先の姿でもあると大矢さんは言う。高齢期に貧困に陥る最大の要因は現役時代の不安定雇用による低賃金と男性正社員を中心に据え、単身女性などを想定してこなかった社会保障制度の問題でもある。

　非正規雇用率は年々上昇し、年金は切り下げられ、貧困は各世代に広がっている。このままの状態が続けば、現在の若年層、中年層の老後はさらに深刻なものになっていくことはほぼ間違いない。

　コロナ禍の女性への影響を鑑み、政府は専門家らによる「コロナ下の女性への影響と課題に関する研究会」を早期に立ち上げている。同研究会の議事録によればシングルマザーや10代の若年女性が置かれた困難や夫婦共働き世代の課題等については頻繁に議論されているが、中高年齢層のシングル女性の抱える問題について議論された形跡は今のところ見当たらない。少子化対策と直結しやすい若年女性や子育て期の女性が政策の中心であり、就職氷河期世代を含めた中高年齢層は蚊帳の外に置かれていることは否めない。

　シングルマザーの状況は深刻で、早急な支援が必要であることは言うまでもない。しかし子育て後の元シングルマザーが困窮する例が多いことからも、子どもの有無にかかわらず、女性の生涯にわたる息の長い支援が求められている。

　またコロナ禍で、医療介護の逼迫という文脈以外では、高齢者の存在がクローズアップされることはほとんどない。高齢者の声が聞こえてこない背景には、感染リスクのため、ひきこもりがちな生活を送る人が多いことに加え、ＳＮＳが主流となり、ツイッターでのつぶやきが政策に繋がることもある昨今ゆえ、情報発信力が乏しい高齢者の現実が伝わりにくくなっていることも考えられるだろう。コロナ禍において最も弱く忘れ去られがちな人々の声に私たちは耳を傾けていく必要がある。

1　阿部彩（２０２１）「日本の相対的貧困率の動向：２０１９年国民生活基礎調査を用いて」科学研究費助成事業（科学研究費補助金）（基盤研究〈Ｂ〉）「『貧困学』のフロンティアを構築する研究」報告書

2　令和元年度「厚生年金保険・国民年金事業の概況」厚生年金保険（第１号）老齢年金受給権者状況の推移（男女）参照

3　平成28年版（２０１６年）高齢社会白書（全体版）

おわりに

「コロナによるダメージは女性に集中している」という認識は今や広く知られたものとなっている。ステイホームが続く中で、女性や女児への暴力が増大する状況がシャドーパンデミック（shadow pandemic）と呼ばれ、女性に失業や雇い止めが集中することを経済不況（Recession）をもじってシーセッション（She-cession／女性不況）と呼ぶ経済学者もいる。家庭内ケアワークの女性への負担増や女性比率が高いエッセンシャルワーカーへの影響なども世界で共通して指摘されているところだ。

本書では、シングルマザー、ステイホームできない女性、エッセンシャルワーカー、非正規で働く女性、高齢単身女性など、コロナ禍でより困難な状況に置かれている女性たちについて見てきた。しかし彼女たちの困難はずっと以前から存在していた。崩壊寸前のところで何とか踏みとどまってきたのだが、そこにコロナ禍が襲い、困難がより顕在化されたに過ぎない。

私はコロナ禍であらわになったことが大きく3つあると考えている。1つ目が「女性の貧困」である。単身女性の貧困率は以前から高かったが、コロナ禍で女性非正規への雇い止めやシフト減が集中したことにより、困窮する女性が増加した。リーマンショック時に比べ女性への影響が大きかったのはその間、単身世帯の増加や共働きでも夫婦どちらかの収入が欠けると生活が立ち行かなくなる世帯などが増え、男性は外で働き、女性は家事や育児を担う「男性稼ぎ主モデル」が崩壊したという要因もあるだろう。

2つ目は「女性活躍のウソ」である。安倍政権下、女性活躍政策が推進され、女性就業者数は増えたが、実際に増えたのは女性非正規であった。コロナ禍で雇い止めやシフト減など女性非正規が打撃を受けたのだが、休業手当が支払われたケースは少数にとどまっている。女性非正規は未だに雇用の調整弁であり、「いつ切ってもいい労働力」とみなされていることがわかる。また突然の休校やステイホームにより女性たちは多大な影響を受け、女性が働くことは常に綱渡り状態であるという事実が浮き彫りになった。女性活躍とは程遠い現実があることが明らかになったということができるだろう。

コロナ禍であらわになったことの3つ目は「仕事の分断と格差」である。これは女性の間でも拡大している。コロナ禍により一部企業ではテレワークが導入された一方、エッセンシャルワーカーやテレワークを希望してもできない人々との間に格差が広がりつつある。またテレワークが増えることによる脱オフィス化や個人請負、副業なども急拡大している。しかし、多くの人が一つの仕事では生活できないことを副業理由としてあげている事実やテレワークによるジョブ型の導入が新たな成果主義を産む可能性など、コロナ禍で誕生した新しい働き方には懸念すべき点も多い。

取材を開始して1年以上経つが、パンデミックはおさまる気配がなく、女性たちの置かれた困難な状況は日々深刻さを増している。コロナウイルス感染症による脅威は人類共通であり、その影響を受けなかった人はいないと言われる。しかしコロナ禍が長引くほど、困難を抱える人たちは追い込まれ、容易に回復できないほどのダメージを受け続けることになる。

社会的に脆弱な立場にある人々は、感染症に対する闘いのみならず、構造的に組み込まれてきた不利や困難とも闘わねばならず、それは感染症が収束した後も続いていくだろう。

光明《こうみょう》を見いだすことは容易ではないが、それでももがきながら前に進む人たちもいる。長年ＤＶを受けてきた女性が家を飛び出し、支援に繋がったケース、ネットカフェでその日暮らしをせざるを得なかった女性が家を借り、新たな暮らしをスタートさせたケースなどである。コロナ禍によりあらわになった困難に今こそ向き合う時なのかもしれない。そのためには支援者、伴走者の存在は不可欠だ。

コロナ禍は困難な状況にある人を顕在化させたと書いてきたが、すべてが見えるようになったわけではない。人との接触を最小限に留めることになったコロナ禍ゆえに、声を発信する手段をもたない取り残された人々を探し出す努力をしなければならない。ここにいない誰かのことを常に思う想像力が分断を避ける力になるはずだ。

本書はノンフィクションに特化したＷｅｂメディア「ＳｌｏｗＮｅｗｓ」の連載記事として２０２１年３月にスタートした。連載の機会を与えてくださったスマートニュース メディア研究所の谷村友也さん、企画段階から関わり、出版にまでこぎつけてくださった光文社新書の高橋恒星さんに感謝申し上げる。

そして何よりもコロナ禍のさなか、困難な状況や心中を打ち明けてくださった女性の方々、ありがとうございました。心から御礼を申し上げます。

２０２１年８月　著者

飯島裕子（いいじまゆうこ）
東京都生まれ。大学卒業後、専門紙記者、雑誌編集を経てノンフィクションライターに。人物インタビュー、ルポルタージュを中心に取材、執筆を行っているほか、大学講師を務めている。著書に『ルポ 貧困女子』（岩波新書）、『ルポ 若者ホームレス』（ちくま新書）等がある。一橋大学大学院社会学研究科博士後期課程満期退学。

ルポ コロナ禍《か》で追《お》いつめられる女性《じょせい》たち 深《ふか》まる孤立《こりつ》と貧困《ひんこん》

2021年9月30日初版1刷発行

著　者 —— 飯島裕子
発行者 —— 田邉浩司
装　幀 —— アラン・チャン
印刷所 —— 堀内印刷
製本所 —— ナショナル製本
発行所 —— 株式会社光文社
東京都文京区音羽1-16-6(〒112-8011)
https://www.kobunsha.com/
電　話 —— 編集部03(5395)8289 書籍販売部03(5395)8116
業務部03(5395)8125
メール —— sinsyo@kobunsha.com

 ISBN 978-4-334-04562-3

1134
理系研究者の「実験メシ」
科学の力で解決！ 食にまつわる疑問

松尾佑一

太陽光でもお米は炊ける？ なぜ超音波をかけるとお酒は美味しくなる？ 食にまつわるふとした疑問。大学教員が自ら実験して確かめる！ 食欲と知識欲を刺激する異色の食エッセイ。

978-4-334-04542-5

1135
在宅医療の真実

小豆畑丈夫

在宅医療は「より良く生きるため」の手段／初めてでもうまくいく在宅医療の受け方／家族の負担をなるべく軽く――在宅医療に関わる救急医が、込み入った全体像を丁寧に整理・解説。

978-4-334-04543-2

1136
新・人間関係のルール

辛酸なめ子

人生の問題の多くを占める人間関係。ＳＮＳの発達やパンデミックの発生によって、人間関係にも新しいルールが生まれつつある。「コミュ力不足」の著者による、クスッと笑える24話。

978-4-334-04544-9

1137
ジェンダーで見るヒットドラマ
韓国、アメリカ、欧州、日本

治部れんげ

「愛の不時着」はなぜヒットした？ 「半沢直樹」がウケる日本はヤバイ!? ジェンダー視点でドラマを見れば世界のいまも見えてくる。業界随一のジャーナリストによる新ドラマ論。

978-4-334-04545-6

1138
夢中になる 東大世界史
15の良問に学ぶ世界の成り立ち

福村国春

約40年分の過去問から、選りすぐりの15問で振り返る国際社会の歩み――。暗記しただけでは解けない、歴史の本質を突く問題を紐解けば、覚えただけの歴史が教養に変わる！

978-4-334-04546-3

1139
ディズニーとチャップリン
エンタメビジネスを生んだ巨人
大野裕之

ディズニーは、キャラクターの創作とストーリーの大切さ、権利の保持や配給会社との条件交渉などをチャップリンから学んだ。――固い友情と離別、知られざる二人の師弟関係。

978-4-334-04547-0

1140
スポーツとしての相撲論
力士の体重はなぜ30キロ増えたのか
西尾克洋

「決まり手」「体格」「怪我」「指導」「学歴」「国際化」「人気低迷」。7つのキーワードから見えてくる、伝統と進化のはざまで揺れ動く大相撲の現在。幕内全力士の解説付き！

978-4-334-04548-7

1141
糖尿病の真実
なぜ患者は増え続けるのか
水野雅登

「インスリンは一生のお付き合い」「糖尿病は不治の病」は本当なのか。脱インスリン率１００％の実績を持つ著者が、実際の治療例を紹介しつつ、現在の糖尿病治療の実情と問題点を解説。

978-4-334-04549-4

1142
「日本型格差社会」からの脱却
岩田規久男

戦後は日本しか経験していない長期デフレを原因とすることから、他国とは様子の異なる日本の格差。縮小するにはどうするべきか。日銀副総裁を務めた著者が具体的な政策を提言。

978-4-334-04550-0

1143
子育て罰
「親子に冷たい日本」を変えるには
末冨芳　桜井啓太

「子育て罰」とは、社会のあらゆる場面で、まるで子育てすること自体に罰を与えるかのような政治、制度、社会慣行、人びとの意識。「子育て罰大国・日本」を変える方策とは。

978-4-334-04551-7

光文社新書

1144

孤独は社会問題

孤独対策先進国イギリスの取り組み

多賀幹子

世界で初めて「孤独担当大臣」を設け、EU離脱後も混乱が続く国で、いま何が起きているのか。日本が学べることは何か。イギリス社会を見続けてきたジャーナリストが現地から報告。

978-4-334-04552-4

1145

ダイエットをしたら太ります。

最新医学データが示す不都合な真実

永田利彦

「ほぼ確実にリバウンド」「BMI18・5未満の死亡率は2倍」「小太りが一番長生き」――ダイエットは百害あって一利なし。摂食障害が専門の精神科医が「やせ礼賛」文化を斬る！

978-4-334-04553-1

1146

教養としてのロック名曲ベスト100

川崎大助

現代人の基礎教養、ロック名曲100を、これまでにない切り口で紹介・解説。著者の主観・忖度抜き、科学的な手法で得られた驚愕のランキングの1位は？　サブスク時代に最適のガイド。

978-4-334-04554-8

1147

日本のバドミントンはなぜ強くなったのか？

藤井瑞希

近年、なぜ日本のバドミントンは国際大会で目覚ましい結果を残しているのか。ロンドン五輪女子ダブルス銀メダリストの著者が自身の軌跡を振り返りながらその強さの秘密を語る。

978-4-334-04555-5

1148

腸と森の「土」を育てる

微生物が健康にする人と環境

桐村里紗

人の不調と、環境の不調は「土」でつながっている――最も身近な自然環境＝「腸内環境」と心身の関係、日々の食事の選択の重要性と方法を「プラネタリーヘルス」の観点から説く。

978-4-334-04556-2

1154
新聞記者、本屋になる
落合博

新聞記者であった著者はいかにしてひとり本屋を始めることができたのか。定年目前の58歳、子どもは3歳、書店員経験は0。第二の人生、妻の反対を押し切っての本屋開業記！

978-4-334-04561-6

1155
ルポ コロナ禍で追いつめられる女性たち
深まる孤立と貧困
飯島裕子

臨時休校、おうち時間、休業補償、テレワーク……。コロナ禍で生じた出来事の多くでより深刻な状況に陥ったのは女性だった。その背景にあるものを、当事者への取材から探る。

978-4-334-04562-3

1156
日本のジーパン
林芳亨

米国で生まれたジーンズがいかに日本で独自の発展を遂げたのか？　ジーンズ界の重鎮である著者がジーンズの歴史や、日本における受容のプロセス等「ジーパン愛」を語り尽くす。

978-4-334-04563-0

1157
脳の寿命を延ばす「脳エネルギー」革命
ブドウ糖神話の崩壊とケトン体の奇跡
佐藤拓己

巨大で大食漢な働き者「脳細胞」を長持ちさせる助っ人とは⁉　ヒトの脳の発達を可能にしたエネルギーとしてケトン体に注目。認知症・うつを防ぎ健康にも役立つ栄養摂取法を考察する。

978-4-334-04564-7

1158
田舎暮らし~~読~~毒本
樋口明雄

田舎暮らしにスローライフは存在しない！　東京から自然豊かな地方に移住して20年の小説家が満を持して贈る、田舎暮らしのノウハウと闇。本書を読まずして移住するべからず！

978-4-334-04565-4